Visual Investigations

Visual Investigations

Zwischen Aktivismus, Medien und Gesetz

Ein Lesebuch, herausgegeben von
Lisa Luksch und Andres Lepik

ARCHI TANGLE

Inhalt

Untersuchen, Interpretieren, Darstellen

Lisa Luksch und Andres Lepik

Die 1948 von den Vereinten Nationen verabschiedete Allgemeine Erklärung der Menschenrechte markierte einen bedeutenden Meilenstein, um der Globalisierung einen ethischen Kompass zu geben. Seitdem gelten Verletzungen dieser Rechte nicht mehr als rein nationale Angelegenheiten, sondern betreffen uns alle und können vor internationalen Gerichtshöfen geahndet werden. Doch wie kann in einer zunehmend vernetzten und komplexen Welt sichergestellt werden, dass diese Rechte tatsächlich gewahrt und durchgesetzt werden?

Genau an dieser Stelle setzt das Feld der Visual Investigations an – ein Tätigkeitsfeld, das sich der bildbasierten Ermittlung von Menschenrechtsverletzungen widmet und innovative Wege beschreitet, um Gerechtigkeit und Verantwortung zu fördern. *Visual Investigations. Zwischen Aktivismus, Medien und Gesetz* ist aus unserer Überzeugung heraus entstanden, dass die Architektur in diesem Gefüge eine zentrale Rolle spielt. Architektur gestaltet nicht nur Räume, sondern kann auch entscheidend dazu beitragen, die Mechanismen von Fürsprache und Rechenschaftspflicht zu stärken. Mit diesem Lesebuch möchten wir gemeinsam mit den Autor*innen und Ermittler*innen den aktuellen Diskurs über Visual Investigations beleuchten und aufzeigen, wie architektonisches Fachwissen aktiv zur Aufdeckung und Sichtbarmachung von Menschenrechtsverletzungen beiträgt.

Überall, wo Menschen sind, so erklärt Sam Dubberley im Interview, sei auch immer Architektur. Und wo Menschenrechtsverstöße stattfinden, spiele deshalb die Rekonstruktion von Räumen und Umgebungen eine wesentliche Rolle bei deren Aufklärung. Als Leiter für digitale Ermittlungen bei Human Rights Watch beschreibt er damit, warum sich seit rund fünfzehn Jahren zunehmend mehr Architekt*innen weltweit an der Aufdeckung von Menschenrechtsverletzungen aktiv beteiligen. Diese Vergehen sind nicht zuletzt durch die allgegenwärtige Verfügbarkeit von Bildquellen im öffentlichen Diskurs so präsent wie nie zuvor: Smartphones, Satelliten, Überwachungs- und Polizeikameras dokumentieren Ungerechtigkeit, Gewalt und Rechtsverstöße auf der ganzen Welt – selbst an Orten, an denen uns physischer Zugang und persönliche Berichterstattung verwehrt bleiben. Die Verknüpfung dieser Video- und Bildinhalte mit Menschen, Orten und Geschehnissen hat sich als neues Tätigkeitsfeld der Architektur etabliert, das in enger Zusammenarbeit mit anderen Fachdisziplinen zu wegweisenden Erkenntnissen und sogar internationalen Gerichtsurteilen geführt hat.

Die Ausstellung *Visual Investigations. Zwischen Aktivismus, Medien und Gesetz* und das begleitende Lesebuch sind das Ergebnis eines interdisziplinären Austausches zwischen dem Architekturmuseum der TUM, vier international agierenden Rechercheteams, deren Kooperationspartner*innen sowie einer Reihe an Expert*innen aus dem akademischen und professionellen Kontext des Feldes. In Anlehnung an die 2017 gegründete (Investigativ-)Abteilung der *New York Times* haben wir die Bezeichnung „Visual Investigations" übernommen. Mit der Frage, welche Rolle die Profession der Architektur und die Architekt*innen selbst bei der Aufdeckung und Visualisierung von Menschenrechtsverletzungen spielen, haben wir im Sommer 2023 eine Reihe von Gespräche aufgenommen: Wir haben die Architektin Alison Killing kontaktiert, deren Installation zum Netzwerk der Internierungslager in Xinjiang uns auf der Architekturbiennale in Venedig 2023 nachhaltig aufgerüttelt hat. Über Alison Killing, die inzwischen als Senior Reporter im Visual-Investigations-Team der *Financial Times* arbeitet, und ihr Netzwerk kamen wir in Kontakt mit Bellingcat, einem international agierenden Recherchekollektiv mit Sitz in Amsterdam, das insbesondere durch seine Ermittlungen zum Absturz des MH17-Fluges über der Ostukraine bekannt wurde. Parallel dazu sprachen wir mit Brad Samuels, Mitbegründer von SITU Research in New York City, einem der führenden Unternehmen auf dem Gebiet der Menschenrechtsaufklärung, Umweltgerechtigkeit und Polizeiarbeit.

Durch die Zusammenarbeit mit dem Center for Spatial Technologies, einem von Kyjiw und Berlin aus agierenden Recherchenetzwerk an der Schnittstelle von Architektur, Sozialwissenschaften und Kunst, zeigt die Ausstellung auch eine Untersuchung, die gemeinsam mit Forensic Architecture erarbeitet wurde. Diese 2010 von Eyal Weizman am Centre for Research Architecture des Goldsmiths, University of London gegründete Rechercheagentur prägt das gleichnamige Fachgebiet maßgeblich. Forensic Architecture wurde insbesondere in Deutschland schon in zahlreichen Ausstellungen gezeigt und erlangte unter anderem durch ihre Recherchen zum NSU-Komplex größere Bekanntheit. Für unsere Gruppenausstellung sagte Eyal Weizman jedoch die Teilnahme von Forensic Architecture ab.

Unser Anliegen ist es, mit *Visual Investigations* eine umfassende Ausstellung zum Thema als Gemeinschaftsprojekt zu zeigen, die unterschiedliche Perspektiven, Methoden und Herangehensweisen vorstellt und diverse Kooperationen und Protagonist*innen aus den verknüpften Bereichen Aktivismus, Medien und Gesetz sichtbar macht.

Das hier vorgelegte Lesebuch zur Ausstellung stellt sieben Fallstudien aus fünf Kontinenten vor. Die Textbeiträge beleuchten die Hintergründe, Methoden, Inhalte sowie die Auswirkungen der jeweiligen Recherchen. Jedes der Projekte wird in der Ausstellung von Bildmaterial unterstützt, darunter Archivaufnahmen, Satellitenbilder, 3D-Modelle und Videostandbilder. Den Leser*innen dieses Buches bieten wir die Möglichkeit, über QR-Codes auf ausgesuchtes visuelles Material zuzugreifen, um sich Ausstellungsansichten, Aktualisierungen zu laufenden Ermittlungen und auch ganze Filmbeiträge anzusehen. Die Inhalte hinter diesen QR-Codes werden nicht auf Webservern oder in der Cloud, sondern blockchain-basiert gespeichert, sodass Angriffe auf die Daten oder deren Manipulation ausgeschlossen sind und gleichzeitig die Zugriffssicherheit gewährleistet wird. Dadurch wird bei diesen – oft von den Verursacher*innen der Menschenrechtsverstöße unerwünschten – Untersuchungsergebnissen Fehlinformation oder Abschaltung der Inhalte durch Dritte verhindert.

Zu den vorgestellten Beiträgen gehören Recherchen zu Landenteignung in besetzen Gebieten sowie zu den Folgen der Klimakrise für Bewohner*innen pazifischer Inselstaaten, in denen die Gewalt nur implizit sichtbar ist. In anderen Fällen jedoch begegnen den Betrachter*innen auch explizite Darstellungen und Visualisierungen von Gewalt, worauf wir die Leser*innen an dieser Stelle vorab hinweisen möchten.

Ergänzend zur Ausstellung bietet das vorliegende Buch acht Textbeiträge verschiedener Akteur*innen, die die Interdisziplinarität des Feldes hervorheben. Darunter Laura Kurgan, deren 2004 gegründetes Spatial Information Design Lab als eine der Keimzellen der Disziplin gilt und die uns von kritischer Datenvisualisierung an der Columbia University berichtet, sowie Ralf Breker, der beim Bayerischen Landeskriminalamt an der 3D-Rekonstruktion von Tatorten arbeitet. Patrick Brian Smith beschreibt die Gründung eines Netzwerks zur

Gegenbeweisführung, dem sich bereits zahlreiche visuelle Ermittler*innen weltweit angeschlossen haben. Zwei journalistische Beiträge zeigen, wie unterschiedlich die deutsche und US-amerikanische Medienlandschaft auf den aktuellen Status der Visual Investigation blickt: Lea Weinmann schildert die Anwendung von Open Source Intelligence bei der *Süddeutschen Zeitung* seit dem Einmarsch russischer Soldat*innen in die Ukraine 2022, während Bora Erden, Mitglied des Visual Investigations-Teams der *New York Times*, vor allem auf die Grenzen der neuen Praxis hinweist.

In einer Welt, in der sowohl politische und militärische Konflikte als auch die Folgen des Klimawandels immer mehr Menschen zu Flucht und Protest zwingen, erscheint es nur folgerichtig, dass sich auch die Architektur verstärkt der Aufklärung von Gewalt und Unrecht widmet. Im Zusammenspiel mit anderen Disziplinen kann Architektur ihre komplexen Werkzeuge nutzen, um für mehr Menschlichkeit und ethische Werte einzutreten – sei es durch Raumanalyse, 3D-Modellierung oder den Einsatz künstlicher Intelligenz und maschinellem Lernen. Das Ziel dabei bleibt stets, Fakten und Zusammenhänge sachlich, transparent, objektiv und möglichst unabhängig aufzuzeigen und darzustellen. Angesichts des globalen Wettstreits um die Deutungshoheit über politisch umstrittene Ereignisse sowie der zunehmenden Bedrohung von Wahrheitsfindung und Aufklärung durch gezielte Fehlinformation entwickeln sich Visual Investigations rasant weiter. Sie leisten einen entscheidenden Beitrag dazu, dass die von der Weltgemeinschaft geächteten Menschenrechtsverletzungen aufgezeigt und verfolgt werden können.

Über den QR-Code können Ausstellungsansichten und eine Dokumentation des Rahmenprogramms aufgerufen werden.

Die Bedeutung visueller Daten für die Menschen-rechtsverteidigung

Sam Dubberley SD im Gespräch mit Andres Lepik AL

SAM DUBBERLEY

Sam Dubberley ist Direktor der Abteilung für Technologie, Rechte und Ermittlungen bei Human Rights Watch. Er leitet die Arbeit der Organisation zum Einsatz von Technologie bei der Untersuchung von Menschenrechtsverletzungen und zu den Risiken, die Technologie für die Menschenrechte birgt. Er ist außerdem Fellow des Human Rights Centre an der University of Essex und Mitherausgeber des Buches *Digital Witness. Using Open Source Information for Human Rights Investigation, Documentation, and Accountability*, das bei Oxford University Press erschienen ist. Er hat zahlreiche Publikationen über die Auswirkungen des Betrachtens schädlicher Inhalte in Open-Source-Untersuchungen und die Gefahr von stellvertretendem Trauma veröffentlicht.

ANDRES LEPIK

Andres Lepik ist Direktor des Architekturmuseums an der Technischen Universität München (TUM) und dort Professor für Architekturgeschichte und kuratorische Praxis. Nach seinem Studium der Kunstgeschichte und der Dissertation über Architekturmodelle der Renaissance arbeitete er als Kurator an der Neuen Nationalgalerie in Berlin und am Architecture and Design Department des Museum of Modern Art in New York.

ANDRES LEPIK Sam, Sie arbeiten an der Schnittstelle zwischen Technologie und Menschenrechten. Wie kam es dazu und wie sieht Ihr Arbeitsalltag aus?

SAM DUBBERLEY *(lacht)* Leider verbringe ich meinen Arbeitsalltag als Direktor vor allem mit Budgetplanungen und Personalfragen. Nehmen wir aber für dieses Interview einmal an, dass ich nach wie vor so etwas wie ein Wissenschaftler bin. Seit dem Arabischen Frühling arbeite ich an dieser Schnittstelle zwischen Technologie und Menschenrechten. Diese meiner Meinung nach interessante Zeit offenbarte uns die Macht von Mobiltelefonen, Geofernerkundung und Satellitenbildern und welche neuen Möglichkeiten sie für das Erforschen von Menschenrechtsverstößen bereithielten, besonders im Kriegskontext. In den Jahren 2010 und 2011, vor dem Arabischen Frühling, mussten wir für visuelle Informationen oft auf das syrische und ägyptische Staatsfernsehen zurückgreifen. Ich denke, dass technische Entwicklungen, wie beispielsweise Handykameras und soziale Medien, das alles geändert haben. Durch sie können Menschen ihre eigenen Geschichten erzählen und mitteilen, was sie erlebt haben. Und wir als Menschenrechtsorganisationen können uns durch diese Erfahrungsberichte einen besseren Eindruck davon verschaffen, was überall auf der Welt passiert, besonders in Regionen, zu denen wir keinen Zugang haben.

Im Labor für digitale Ermittlungen (Digital Investigations Lab) von Human Rights Watch (HRW) arbeiten wir im Grunde jeden Tag an Konflikten. Leider gibt es heutzutage auf der Welt zu viele Auseinandersetzungen und wir arbeiten an allen, sei es nun in Gaza, Sudan, Myanmar oder Äthiopien. Wir schauen unverwandt auf alle diese Orte, arbeiten mit Satellitenaufnahmen, Videos und Fotos, Flugverlaufsdaten und vielem mehr und vergleichen dann unsere Ergebnisse mit den Interviews, die wir führen. Für uns ist es nach wie vor entscheidend, mit den Menschen, den Opfern von Übergriffen, zu sprechen und zu verstehen, was sie erlebt haben. Aber wir nutzen jetzt Technologien, um diesen Aussagen Rückhalt zu verleihen. Ein Großteil unserer Arbeit besteht aus Informationsbeschaffung und deren anschließender Verifizierung. In einer Welt, in der Fakten so stark angegriffen werden, ist es wichtig, dass Human Rights Watch als eine objektive Stimme wahrgenommen wird, die dabei hilft, Fakten zu schaffen.

AL Können Sie ein wenig mehr darüber sprechen, welche Vorteile die Arbeit mit digitalen Beweisen für das Vorgehen von HRW mit sich bringt?

SD Für uns sind sie auf verschiedenen Ebenen hilfreich. Von digitalen Beweisen geht eine große Überzeugungskraft aus. Human Rights Watch soll nicht nur berichten, sondern auch für Veränderung sorgen, und die digitale Recherche hat wirklich die Macht, Meinungen zu ändern: Durch sie können Menschen Situationen in Teilen der Welt verstehen, von denen sie zuvor vielleicht noch nichts wussten. Und das hat wiederum Einfluss auf Menschen, die sich in Machtpositionen befinden. Um einen Wandel anzustoßen, sprechen wir mit Menschen in diesen Positionen, ob in Berlin oder Addis Abeba, Tokio, Washington D.C. oder São Paulo – also im Grunde in jedem Teil der Welt, in dem wichtige Entscheidungen getroffen werden.

Außerdem verschafft uns die Arbeit unseres *Digital Investigations Labs* Zugang zu Orten, die sonst unerreichbar wären. Die Welt, die wir als HRW erreichen können, wird immer kleiner. Es gab eine Zeit, in der wir ohne Probleme nach Hongkong reisen konnten. Mittlerweile können wir nicht länger dorthin reisen; wir kommen auch nicht nach Iran. Heutzutage gibt es viele Orte auf der Welt, zu denen wir schlichtweg keinen Zugang haben. Doch dank digitaler Ermittlungen können wir nach wie vor sehen, was dort vor sich geht. Und das ist wirklich ein großer Vorteil, den die Arbeit mit digitalen Beweisen mit sich bringt: Sie verkleinert die Welt derjenigen, die gegen die Menschenrechte und das Kriegsrecht verstoßen. Das heißt, dass sie sich nicht verstecken können, dass wir sehen, was sie zu verstecken versuchen. Das ist einer der größten Vorteile.

AL In Bezug auf unsere Ausstellung und das zunehmende Interesse der Architektur im Zusammenhang mit der Ermittlung und Visualisierung von Menschenrechtsverstößen: Welche Rolle spielt die visuelle Aufbereitung von Daten für HRW? Können Sie uns mehr über vergangene Kooperationen mit Forschungsnetzwerken und Architekt*innen erzählen?

SD Wir haben bereits mehrere Kollaborationen durchgeführt, vor allem mit SITU Research, einem Architekturbüro, das sich auf visuelle Ermittlungen (Visual Investigations) spezialisiert hat. Vor ein paar Jahren arbeiteten wir zusammen mit SITU an einem Projekt, das den unverhältnismäßigen Einsatz von Polizeigewalt während der Mott-Haven-Protestmärsche in der Bronx in den USA näher beleuchtete. → FALLSTUDIE, SEITE 24–29

AL Diese Ermittlungen sind ebenfalls Teil unserer Ausstellung.

SD Das ist fantastisch! Sie sind ein wunderbares Beispiel dafür, welchen Einfluss die visuelle Aufbereitung von Daten haben kann: Bei einem solchen Vorfall haben alle ihre Handys und Kameras dabei, sie dokumentieren die Ereignisse und teilen sie in den sozialen Medien. Sammelt man all diese Informationen, dann zeichnen sie ein ziemlich vernichtendes Bild. Anhand eines einzelnen Informationsfragmentes fällt es schwer, sich einen umfassenden Eindruck zu verschaffen, da man nur schwer die zeitliche und räumliche Abfolge der Ereignisse verstehen kann. Nur die Analyse und die visuelle Aufbereitung dieser Daten können uns die Anatomie der Situation verstehen helfen.

Im Fall von Mott Haven gingen wir das Material Stück für Stück durch und schauten, wie es in den zeitlichen Ablauf passte und an welcher Stelle auf der Karte es aufgenommen worden war. So konnten wir beweisen, dass die Polizei versuchte, die Menschen davon abzuhalten, die Proteste vor Beginn der Covid-19-Ausgangssperre zu verlassen. Die Menschen wurden am Gehen gehindert, eingekreist und später festgenommen.

Liegen einem nur einzelne Informationen vor, einzelne Menschen, die sich über das beschweren, was ihnen widerfahren ist, kann man nur schwer die Intention dahinter verstehen. Wenn man sie aber ausarbeitet und kartografiert, lässt sich die Tatsache nicht länger abstreiten, sie wird unumstößlich. Die visuelle Argumentationsbasis, die wir schufen, war enorm wirkmächtig.

Ähnliches haben wir auch an anderen Orten geleistet. Für eine Recherche in Myanmar, wo Menschen bei Protesten ebenfalls „zusammengetrieben" und in diesem Fall getötet wurden, nutzten wir Videoanalysen. Im Fall des russischen Angriffs auf die Ukraine haben wir daran gearbeitet, das räumliche Ausmaß der Zerstörung von Mariupol sichtbar zu machen. Hier arbeiteten wir erneut mit SITU Research zusammen. Wir wollten über drei Monate hinweg systematisch die Schäden dokumentieren. Dafür mussten wir jedes einzelne visuelle Beweisstück gesondert durchgehen, Handy- oder Überwachungskameraaufnahmen, Drohnendaten und vieles mehr, um so herauszufinden, wo und wann genau es aufgenommen worden war. Am Ende fanden wir heraus, dass ungefähr 93 Prozent der Wohnhäuser in Mariupol auf die ein oder andere Weise beschädigt worden waren. Und ich weiß schon, was Sie sich jetzt vielleicht fragen: Ist es wirklich notwendig, das so genau zu tun? Ja! Denn so etwas hat einen wesentlichen Einfluss auf die Rechtsprechung, die Verantwortlichkeit und die kollektive Erinnerung. In einer Welt, in der Fakten infrage gestellt werden, lassen sich visuelle Belege und deren ordnungsgemäße Einordnung und Verarbeitung wesentlich schwerer anfechten.

AL Bei Visual Investigations handelt es sich um ein interdisziplinäres Arbeitsfeld, das nicht nur viele verschiedene Berufsgruppen in sich vereint, sondern auch zu verschiedenen anderen Arbeitsfeldern und deren eigenen Logiken beiträgt. Wie unterscheidet sich Ihre Advocacy-Arbeit von Ihrer Arbeit für Gerichtsverhandlungen? Gibt es da verschiedene Ansätze?

SD In der Tat. Wichtig ist, dass es sich bei Human Rights Watch nicht um eine Organisation handelt, die sich der Strafverfolgung widmet. Wir sind eine Advocacy-Organisation; unser Ziel ist es, einen Wandel anzustoßen. Wir versuchen, Entscheidungsträger*innen dazu zu bringen, etwas zu verändern. Bringt man visuelle Informationen in die Advocacy-Arbeit mit hinein, löst das etwas bei den Menschen aus: Es wird ihnen wichtig, sie hören zu, sie erheben sich.

Letztes Jahr recherchierten wir zu Tötungen an der Grenze zwischen Saudi-Arabien und Jemen. Der saudische Grenzschutz tötete Hunderte von Migrant*innen, darunter viele aus Äthiopien, die zwischen März 2022 und Juni 2023 versuchten, von Jemen nach Saudi-Arabien zu gelangen. Das waren keine neuen Informationen; wir enthüllten nichts erstaunlich Neues. Wer sich für diesen Teil der Welt interessierte, wusste, dass so etwas passiert. Die UN und einige NGOs hatten darüber geschrieben. Aber wir sammelten als erste all die visuellen Beweise, prüften sie und entwarfen auf deren Basis ein topografisches 3D-Modell. Anhand dieses Modells wurde deutlich, dass die saudischen Grenzwächter*innen die Menschen als Migrant*innen identifizieren konnten. Sie konnten ihre traditionelle Kleidung erkennen. Trotz guter Sicht töteten die Wächter*innen diese Menschen.

Unsere Ergebnisse sorgten für große Aufmerksamkeit. Unsere Recherchen führten unter anderem dazu, dass Deutschland seine Unterstützung für die Ausbildung saudischer Grenzwächter*innen vorübergehend einstellte, so auch die Vereinigten Staaten von Amerika. Unser Bericht schaffte es auf die Titelseite der *New York Times*.

Wird das jedoch zu Gerechtigkeit führen? Wird es irgendwo zu Gerichtsprozessen kommen? Wahrscheinlich nicht. Aber wenigstens konnten wir das Töten für kurze Zeit stoppen. Ich bin überzeugt, dass wir mit unseren Advocacy-Projekten unmittelbar Veränderungen anstoßen können. Außerdem denken wir viel darüber nach, wie wir die Arbeit von Staatsanwält*innen unterstützen können, wie wir unsere Arbeit für sie zugänglich machen können, damit sie ihnen als Grundlage dienen kann. Es ist nicht unsere Aufgabe, dem Internationalen Gerichtshof Handlungsanweisungen zu geben. Es ist nicht unsere Aufgabe, Staatsanwält*innen irgendwo auf der Welt vorzuschreiben, was sie zu tun haben. Aber wir hoffen, dass unsere Recherchen und unsere Informationen sie auf neue Gedanken bringen. Unsere Recherchen in Mariupol wurden beispielsweise in einem Gerichtsverfahren am Europäische Gerichtshof für Menschenrechte in Straßburg als Beweisstück aufgenommen. Visuelle Informationen und die Arbeit von visuellen Ermittler*innen werden an Bedeutung zunehmen, nicht nur in unserem Arbeitsbereich, sondern auch vor Gericht.

AL Das bringt mich zu meiner nächsten Frage: Wie reagieren Justizbehörden und Rechtsinstitutionen auf diese neuen Informationsformen und -instrumente?

SD Im Laufe der Geschichte haben sich Qualität und Art der Beweise geändert, und die Rechtsprechung musste sich dem anpassen. Vor beinahe 200 Jahren kamen die ersten Fotografien auf, die man vor Gericht einzusetzen begann; bald darauf kamen Filmaufnahmen dazu, und auch sie dienten mit der Zeit als Beweise vor Gericht. Doch das Problem ist die Geschwindigkeit, mit der dieser Wandel heute voranschreitet. Richter*innen müssen verstehen, wie man Informationen analysiert. Richter*innen haben Erfahrung darin, Expert*innen anzuhören, Menschen zu befragen und herauszufinden, ob das, was diese sagen, zutrifft oder nicht. Allerdings finden immer mehr visuelle Beweise ihren Weg in den Gerichtssaal – und nicht nur die Staatsanwaltschaft, sondern auch die Verteidigung hat verstanden, wie sie mit dieser Form von Informationen umzugehen hat. Aber ich glaube, der Wandel kommt mit der Zeit. Am 26. Juni 2024 verurteilte der Internationale Strafgerichtshof Al Hassan Ag Abdoul Aziz Ag Mohamed Ag Mahmoud wegen Kriegsverbrechen und Verbrechen gegen die Menschlichkeit, die in Timbuktu (Mali) zwischen 2012 und 2013 verübt wurden. Als Beweise dienten unter anderem Videos aus sozialen Medien und eine Plattform mit einem 3D-Modell der gebauten Umgebung von Timbuktu von SITU Research. Ich bin überzeugt, dass in Gerichtssälen überall auf der Welt der Einfluss von visuellen Beweisen zunehmen wird. Vergessen wir dabei aber nicht, dass Gespräche mit Zeug*innen und Geschädigten durch technologischen Fortschritt nie ersetzt werden können.

AL Welche technologischen Entwicklungen werden Ihrer Meinung nach in den nächsten Jahren den größten – sowohl positiven als auch negativen – Einfluss auf Ihre Arbeit haben? Welche Rolle spielt Künstliche Intelligenz (KI) in Ihrer Arbeit?

SD Meiner Meinung nach sollten wir nicht nur über die Risiken und Herausforderungen nachdenken, die diese Technologie mit sich bringt, sondern auch verstehen, wie sie unsere Arbeit unterstützen kann. Und wie bei jeder Technologie müssen wir bei der Nutzung die Menschenrechte im Blick behalten. In all unserer Visual-Investigation-Arbeit müssen wir sicherstellen, dass wir selbst nicht die Rechte von Menschen – wie das Recht auf Privatsphäre zum Beispiel oder das Recht auf Sicherheit und Schutz – verletzen. Nutzt man Künstliche Intelligenz, besteht ein verhältnismäßig hohes Risiko, diese Rechte zu verletzen.

Wir werden mit KI-generierten Videos und Fotos sowie mit KI-generierten Audiospuren – sogenannten „Deepfakes" menschlicher Stimmen konfrontiert. Es gehört zu unseren größten Herausforderungen, solche Daten gegenzuprüfen und zu verifizieren. Das kann in Sudan oder Myanmar wesentlich komplizierter sein als eine vermeintliche Aussage von Bundeskanzler Olaf Scholz zu prüfen. Wir müssen vorsichtig sein und uns an unsere bewährten Methoden halten, an unser Handwerkszeug, wenn man so sagen will: mit Menschen sprechen, mehr über ihre Erfahrungen herausfinden und schauen, ob alles zusammenpasst. Und erst dann können wir auch nur beginnen darüber nachzudenken, wie KI uns bei unserer Arbeit unterstützen könnte. Wie hilft sie uns dabei, Informationen zu finden? Wie hilft sie uns beim Konstruieren von Modellen? Anstatt dass wir fünf Tage damit verbringen, Simulationen mit Computerprogrammen wie Blender zu entwerfen, können wir KI damit beauftragen. Wir können Berechnungen von KI durchführen lassen. Wir können Zeit sparen und so schneller handeln.

Wir befinden uns in einer aufregenden Zeit mit vielen Technologien, von denen auch wir als Advocacy-Organisation profitieren können. Ein Beispiel ist erweiterte Realität (Augmented Reality): Haiti ist im Moment ein unzugänglicher, gefährlicher Ort. Nur wenige Menschen interessieren sich dafür, was gerade dort passiert. Wenn wir allerdings mittels virtueller Realität Menschen auf die Straßen von Port-au-Prince „bringen", können sie auf diese Weise die Situation vor Ort besser verstehen? Wenn wir Entscheidungsträger*innen auf die pazifischen Inseln „mitnehmen", können sie dann das drohende Gefahr, das eigene Zuhause aufgrund des Klimawandels zu verlieren, besser verstehen? Kann also Technologie Empathie wecken und ein Verständnis für Umstände schaffen, die sonst abstrakt und unzugänglich bleiben?

Wir tendieren dazu, uns auf die Herausforderungen zu konzentrieren, die KI mit sich bringt, es ist aber auch spannend, über die Möglichkeiten nachzudenken.

AL Neben den offensichtlichen Gefahren, die investigative Recherchen zu Menschenrechten mit sich bringen können, gehen Sie in einer Ihrer kürzlich erschienen Publikationen außerdem auf indirekte Traumatisierung ein. Welchen – vielleicht auch unvorhergesehenen – Risiken setzen sich Rechercheteams aus und was raten Sie ihnen?

SD Das Untersuchen von Menschenrechtsverletzungen ist hart. Ich habe Kolleg*innen, die um die ganze Welt zu den Schauplätzen schrecklichster Verbrechen reisen. Sie sprechen mit Menschen, die diese Verbrechen miterlebt haben – Menschen, die ihr Zuhause, ihre Kinder, ihre Familien verloren haben. Deren Städte in Schutt und Asche liegen. Es ist schrecklich und traumatisch. Durch Videoaufnahmen, die dokumentieren, was übriggeblieben ist, verfügen wir nicht nur über die verbalen Beschreibungen dieser Ereignisse.

Ich möchte den Menschen bewusst machen, dass all diese Traumata real sind, sowohl wenn man sie vor Ort miterlebt als auch wenn man vor seinem Computer sitzt, zum Beispiel vor seinem Bildschirm in einem Berliner Büro. Wir müssen alle Ebenen von Trauma, die mit Menschenrechtsarbeit einhergehen, sehr ernst nehmen. Ich bin 47 Jahre alt und arbeite seit den Anschlägen vom 11. September mit traumatischem Bildmaterial. Nach mehr als 20 Jahren dachte ich, ich sei recht abgehärtet, nach dem Motto „Ich habe schon alles gesehen". Aber die letzten zwölf Monate waren für mich tief traumatisch. Ich dachte, ich wäre gut aufgestellt mit meinen bewährten Schutzmechanismen: meditieren, spazieren gehen in der Natur, nicht zu viel Bier trinken, all diese Sachen. Trotzdem kann es einen ganz unvermittelt treffen. Seit dem Angriff auf die Ukraine vor mehr als zwei Jahren beschäftigt es mich stark, obwohl ich dachte, mit mir sei alles in Ordnung.

Indirekte Traumatisierung ist ein Thema, das mir sehr am Herzen liegt, nicht nur persönlich, auch in Bezug auf mein Team, damit diese Arbeit längerfristig ausgeführt werden kann. Wir wollen, dass Menschen auf lange Sicht in der Lage sind, zu Menschenrechtsverletzungen zu recherchieren, denn – seien wir mal ehrlich – die Welt entwickelt sich in keine gute Richtung, und da draußen herrscht nicht allzu viel Optimismus. Die Ungerechtigkeiten werden nicht aufhören. Menschenrechtsverletzungen werden nicht aufhören. Deswegen versuchen wir eine entsprechende Arbeitskultur zu etablieren. Und mir ist klar geworden, dass ein gutes Team, in dem sich die Menschen vertrauen und gegenseitig unterstützen, eine Möglichkeit darstellt, mit all dem fertig zu werden und sich selbst vor indirekter Traumatisierung zu schützen.

AL Danke. Gerne würde ich zum Abschluss noch folgende Frage stellen: Als Architekturmuseum widmen wir uns diesem Thema, da wir das Gefühl haben, dass mehr und mehr Architekt*innen in diesem Bereich arbeiten. Wie sehen Sie die Rolle von Architekt*innen in diesem aufkommenden Arbeitsfeld?

SD Wo Menschen sind, gibt es immer auch zu einem gewissen Grad Architektur. Und wo auch immer Menschenrechtsverstöße stattfinden, sind ebenfalls Raum und Bauwerke und Gebäude beteiligt. Diese Beteiligung kann von einem einfachen Standort oder der Umgebung eines Ereignisses bis hin zu bestimmten Elementen einer Architektur reichen, die dabei helfen, Ereignisse zu rekonstruieren. Ein Beispiel könnte sein, dass Menschen unter einem Gebäude Schutz suchen. Welche Art Bombe wird benötigt, um dieses Gebäude zu zerstören? Da wir so etwas oft in der Ukraine sahen, haben wir Untersuchungen aufgenommen. In riesigen Wohnblöcken mit großen klaffenden Löchern waren die Menschen in den unteren Stockwerken getötet worden, während eine Person überlebt hatte. Architekt*innen konnten uns die Struktur des Gebäudes verständlich machen und erklären, weshalb diese eine Person überleben konnte.

Architektonisches Wissen hilft uns dabei, zu verstehen, wie wir mit dem physischen Raum, den wir bewohnen, interagieren können, wie wir Raum wahrnehmen und wie er unsere Sicht auf die Dinge prägt. Außerdem liefern Architekt*innen ein Verständnis davon, wie Städte und Gebäude aufgebaut sind, und sie verfügen über bestimmte Techniken, mit denen sie analysieren und visualisieren. Sie kennen sich mit Messungen, Photogrammetrie und Software aus ... all diese Dinge sind für unsere Arbeit wichtig, da wir so genau wie nur möglich sein möchten. Ich arbeite ausgesprochen gern mit Architekt*innen zusammen, denn ich lerne immer sehr viel von ihnen und sie bringen uns bei der Ermittlung von Menschenrechtsverletzungen weiter.

Polizeigewalt bei Protesten in den USA

Polizeigewalt bei Protesten in den USA

SITU Research, New York City, in Zusammenarbeit mit Human Rights Watch und der BLM/Floyd Litigation Task Force der National Lawyers Guild

2020 und 2022–2023

SITU RESEARCH

Das Unternehmen SITU Research ist auf Visual Investigations, also visuelle Ermittlungen, spezialisiert und setzt innovative Verfahren für das Aufdecken von Fakten ein, um digitale Unklarheiten zu beseitigen und Wahrheiten zu untermauern. Das Team besteht aus Designer*innen, Stadtplaner*innen, Informatiker*innen und Analyst*innen, die verschiedene Formen digitaler Beweise kombinieren, um umfassende, faktenbasierte Berichte über umstrittene Ereignisse zu erstellen. Ihre Arbeit konzentriert sich auf Menschenrechte, Umweltgerechtigkeit, Polizeiarbeit und bürgerliche Freiheiten.

Projektbeteiligte, 2020: Gauri Bahuguna, Bora Erden, Griffin Frazen, Jon Nealon, Helmuth Rosales, Brad Samuels; 2022–2023: Gauri Bahuguna, Ramón Bieri, Evan Grothjan, Akshay Mehra, Jon Nealon, Brad Samuels und Candice Strongwater

HUMAN RIGHTS WATCH

Human Rights Watch (HRW) ist eine internationale Nichtregierungsorganisation (NRO), die Menschenrechtsverletzungen in aller Welt untersucht und darüber berichtet. HRW beschäftigt mehr als 550 Expert*innen mit mehr als 70 Nationalitäten, darunter Ländersachverständige, Rechtsanwält*innen und Journalist*innen, die versuchen, die am stärksten Gefährdeten zu schützen – von bedrohten Minderheiten und Zivilist*innen in Kriegsgebieten bis hin zu Flüchtlingen und Kindern in Not. Durch unabhängige Untersuchungen und die gezielte Einflussnahme auf politische Entscheidungsträger*innen üben HRW Druck aus, um Menschenrechtsverletzungen zu beenden.

BLM/FLOYD LITIGATION TASK FORCE

Die 1937 gegründete National Lawyers Guild (NLG) ist eine Vereinigung von Anwält*innen, Jurastudent*innen, Rechtsanwaltsgehilf*innen, Gefängnisanwält*innen, Anwaltskollektiven und anderen aktivistischen Jurist*innen in den USA. Die BLM/Floyd Litigation Task Force der NLG bestand aus Wylie Law, Cohen&Green, Beldock Levine & Hoffman, Gideon Orion Oliver, mit Rosa Palmeri und Andrew Sawtelle.

Von Ende Mai bis Anfang November 2020 versammelten sich Tausende von Bürgerrechtsdemonstrant*innen, um gegen Polizeigewalt zu protestieren. Anlass war die Tötung des Afroamerikaners George Floyd durch Polizisten am 25. Mai 2020 in Minneapolis, Minnesota. Überall in den Vereinigten Staaten fanden in den darauffolgenden Wochen Proteste statt, die ein Ende der Gewalt durch die Polizei forderten. Portland, Chicago und New York City gehörten zu den Städten, in denen den Protestierenden mit exzessiver Polizeigewalt begegnet wurde, um die Aufmärsche zu kontrollieren und teilweise zu unterdrücken.

Die Ermittler*innen von SITU Research untersuchten die Vorfälle in New York City. Über mehrere Monate setzte das New York Police Department (NYPD) in großem Umfang und auf unterschiedliche Weise Gewalt ein. Niemandem entging dabei die erschütternde Ironie, dass Märsche gegen Polizeigewalt, besonders gegen farbige Bevölkerungsgruppen, wiederum durch exzessiven Gewalteinsatz der Polizei beantwortet wurden.

Während dieser Protestmärsche griff die New Yorker Polizei, die seit dem 11. September 2001 zunehmend als paramilitärische Truppe ausgerüstet und ausgebildet wird, immer wieder Demonstrant*innen, unbeteiligte Bürger*innen und juristische Beobachter*innen an: Sie schlug mit Schlagstöcken auf Kopf und Körper ein, brachte Menschen zu Boden und legte ihnen viel zu enge Handschellen an, setzte Pfefferspray ein und wandte „Kettling“ [1] an – eine aggressive Polizeitaktik, mit der Menschen erst eingekesselt werden, um sie dann zu verhaften. Seit dem 28. Mai und mindestens bis November desselben Jahres wurden fast 3500 Menschen brutal verletzt oder festgenommen. Diese Vorfälle, die diverse Verfassungsrechte wie Meinungs-, Presse- und Versammlungsfreiheit verletzten, wurden auf verschiedenste Weise filmisch erfasst: Handykameras demonstrierender Bürger*innen, Körperkameras von Polizeibeamt*innen, Luftüberwachungsbilder und CCTV-Aufnahmen. Angesichts der Dokumentationsflut wurden Videoaufnahmen somit zur primären Beweisquelle, um die Gewaltanwendung des NYPD zu analysieren und ihren Umgang mit den Protestierenden zu bewerten.

In Reaktion auf diese Phase der Unruhen durch zivile Bürger*innen und die Unterdrückung von Dissident*innen führte SITU Research

Polizeiliches Filmmaterial wurde SITU Research von Anwält*innen der National Lawyers Guild (NLG) während der Untersuchung der Sammelklage Sow et al. gegen City of New York et al. zur Verfügung gestellt. Filmmaterial der NYPD-Polizeikameras (unten) und des NYPD-Hubschraubers (oben) zeigen Proteste während der Black-Lives-Matter-Bewegung im Jahr 2020.

mit unterschiedlichen Partner*innen zwei Rechercheprojekte durch: 2020 veröffentlichten sie das Advocay-Video „The Trap" und 2023 halfen sie bei der Vorbereitung einer Sammelklage gegen die Stadt New York. Der Film „The Trap" rekonstruiert in Zusammenarbeit mit Human Rights Watch die Ereignisse des berühmt-berüchtigten Protests in Mott Haven in der Bronx, der in gewalttätige Ausschreitungen umschlug, die von der Polizei initiiert wurden. Die zweite Untersuchung wurde von Anwält*innen der National Lawyers Guild in Auftrag gegeben und identifizierte Muster von Polizeigewalt an über 80 Orten in New York City. Dies erforderte die Sichtung Tausender Polizei- und Hubschrauberüberwachungsvideos sowie Handyvideos von Protestierenden. Die Arbeit der Ermittler*innen bestand aus der Analyse einer riesigen Ansammlung von Protestvideos, um die Sammelklage Sow et al. gegen City of New York et al. zu stützen.

Beide Fälle zeigen die neuartige Bedeutung der Videodokumentation und -analyse und veranschaulichen den Wandel in der Aktivismus- und Rechtsarbeit, um Polizei und Regierungsbeamte für ihr Handeln oder Fehlverhalten zur Rechenschaft ziehen zu können. Die Veröffentlichung von „The Trap" deckte illegale Taktiken des NYPD sowie die falschen Darstellungen von New Yorks Bürgermeister Bill de Blasio über das auf, was an jenem Tag in der Bronx geschehen war. Die Klage von Sow et al. ermöglichte ein öffentliches Referendum über die Protokolle und Methoden, wie das NYPD bei Protesten vorgeht, und gipfelte in einem Vergleich in Höhe von über 13 Millionen US-Dollar – die höchste Summe, die Protestierenden in der Geschichte der Vereinigten Staaten je zugesprochen wurde.

1 Kettling, auch Einkesselung oder Eindämmung genannt, ist eine polizeiliche Strategie zur Kontrolle großer Menschenmengen bei Demonstrationen oder Protesten. Bei dieser Taktik werden große Polizeiketten gebildet, die die Menge in einem bestimmten Bereich einschließen. Die Demonstrierenden oder Protestierenden werden so am Verlassen dieses abgegrenzten Bereichs gehindert, damit sie festgenommen werden können.

Das Umgebungsmodell zeigt die Sichtkegel von fünf simultan aufgenommenen Videos während einer Demonstration in Mott Haven.

Codec ist ein kollaboratives, digitales Werkzeug, das von SITU für die Verwaltung, Analyse und Präsentation von Videobeweisen entwickelt wurde.

Über den QR-Code können zusätzliches Material und verarbeitete Videoaufnahmen der Demonstrationen aufgerufen werden.

Eine Stadt im Innern eines Gebäudes

Eine Stadt im Innern eines Gebäudes

Der russische Luftangriff auf das Theater von Mariupol

Center for Spatial Technologies (CST), Kyjiw und Berlin, in Zusammenarbeit mit Forensic Architecture, London und Forensis, Berlin

2022 – fortlaufend

CENTER FOR SPATIAL TECHNOLOGIES

Das 2018 gegründete Center for Spatial Technologies (CST) ist eine transdisziplinäre Recherchegruppe mit Sitz in Kyjiw und Berlin, die an der Schnittstelle von Architektur, Sozialwissenschaften und künstlerischer Praxis arbeitet. CST konzentriert sich auf die vielschichtige Untersuchung urbaner Räume über längere Zeiträume und arbeitet mit vielen kulturellen, wissenschaftlichen und Menschenrechtsorganisationen zusammen, um wichtige gesellschaftliche Themen und ihre räumlichen Implikationen sichtbar zu machen. Die Arbeit des CST wird auf führenden globalen Plattformen veröffentlicht, darunter die *New York Times,* die Biennale von Venedig und die sozialen Medien des ukrainischen Präsidenten Wolodymyr Selenskyi.

Projektbeteiligte: Maksym Rokmaniko, Mykola Holovko, Daryna Vilkhova, Ksenia Rybak, Valeria Prorizna, Andrii Onyshchenko, Oksana Hrabchak, Sasha Zakrevska, Natasha Pereverzina, Herman Mitish und Orest Yaremchuk

FORENSIC ARCHITECTURE

Forensic Architecture (FA) ist eine Rechercheagentur mit Sitz am Centre for Research Architecture des Goldsmiths, University of London. Seit 2010 haben sie den Begriff Forensic Architecture geprägt und beziehen sich dabei auf die Produktion und Präsentation räumlicher Beweise in rechtlichen, politischen und kulturellen Kontexten, wobei Architektur nicht nur Gebäude, sondern auch gestaltete Lebensräume in der Größenordnung von Städten und Territorien umfasst.

Projektbeteiligte: Eyal Weizman, Elizabeth Breiner und Robert Trafford

FORENSIS

Forensis, ein Ableger der Londoner Agentur, wurde 2021 gegründet und ist eine gemeinnützige Nichtregierungsorganisation mit Sitz in Berlin. Um die von staatlicher und wirtschaftlicher Gewalt betroffenen Individuen und Gemeinschaften bei der Durchsetzung ihrer Forderungen nach Gerechtigkeit, Wiedergutmachung und Rechenschaftspflicht zu unterstützen, wendet das Team Methoden an, die im akademischen Kontext entwickelt wurden.

Projektbeteiligte: Tobechukwu Onwukeme, Dimitra Andritsou, Phoebe Walton, Jasper Humpert, Miriam Rainer und Veronika Nad

Am 24. Februar 2022 marschierte Russland in die Ukraine ein. Bereits seit der Annexion der Krim im Jahr 2014 hatte Russland versucht, das Land einzunehmen. Kurz nach Beginn der Invasion belagerten russische Truppen die Stadt Mariupol, die gut 50 Kilometer von der Ostgrenze der Ukraine entfernt liegt. Zahlreiche Menschen verloren durch die russischen Luftangriffe ihre Häuser und suchten während der Belagerung Zuflucht in einem der größten Schutzräume der Stadt, dem Akademischen Dramatheater von Donetsk im Zentrum von Mariupol. Das Gebäude war folglich außen sichtbar als zivile Schutzunterkunft gekennzeichnet – temporäre Bewohner*innen hatten das russische Wort „ДЕТИ“ (KINDER) an zwei Stellen auf dem Platz vor dem Theater geschrieben. Am 16. März zerstörten russische Soldat*innen das Theater mit mutmaßlich zwei Bomben.

Die Zerstörung und anschließende Besetzung von Mariupol durch russische Streitkräfte führte zur Vertreibung der Bevölkerung, sodass die meisten Überlebenden heute über verschiedene Regionen der Ukraine und andere Teile Europas verstreut sind. Das hier vorgestellte Projekt untersucht die Bombardierung des Theaters von Mariupol als ein Symbol für russische Terrorstrategien. Das Ziel des Teams des Center for Spatial Technologies besteht in der Zusammenführung der Stimmen derjenigen Bürger*innen, die im Theater untergebracht waren, den Raketenangriff überlebten und nun in der Diaspora leben, in einem digitalen Rekonstruktionsprojekt. Ein detailgetreuer digitaler Zwilling des mittlerweile zerstörten Gebäudes dient als Kulisse für ortsbezogene Zeug*innenaussagen. Darüber hinaus stellt er ein Hilfsmittel bei der Verortung von Bild- und Videomaterial dar, das das Theater während der Zeit als Schutzraum dokumentiert.

Das CST-Team trug für die Rekonstruktion Tausende von Social-Media-Posts, Fotos und Videos zusammen und unterzog diese einer eingehenden Analyse. Darüber hinaus zeichnete es mehr als 100 Stunden Zeug*innenberichte aus den Interviews mit den Betroffenen des Luftangriffs auf. Angesichts der systematischen Vernichtung physischer und digitaler Beweise durch das russische Militär und des fehlenden Zugangs zum Ort des Geschehens stellen diese Berichte ein wichtiges historisches Dokument dar. Die Forschenden identifizierten 60 Augenzeug*innen, von denen sich 27 zu Interviews bereiterklärten. Zehn Zeug*innen wurden zu weiteren Interviews eingeladen, bei

Eine Kombination aus Skizze und Modell des Theaters, die die verschiedenen „Zonen“ und ihre Nutzung durch die selbstorganisierten Bewohner*innen zeigt.

Ein Video zeigt die Ruinen des Theaters von Mariupol, die hinter einem von den russischen Streitkräften errichteten Gerüst abgerissen werden, überlagert von einem 3D-Modell. Bildquelle: Peter Andrjuschtschenko, Telegram

Die digitale Rekonstruktion des Theaters ermöglicht die genaue Lokalisierung von Bildern und Videostandbildern innerhalb des Modells, die von Bewohner*innen des Theaters aufgenommen wurden.

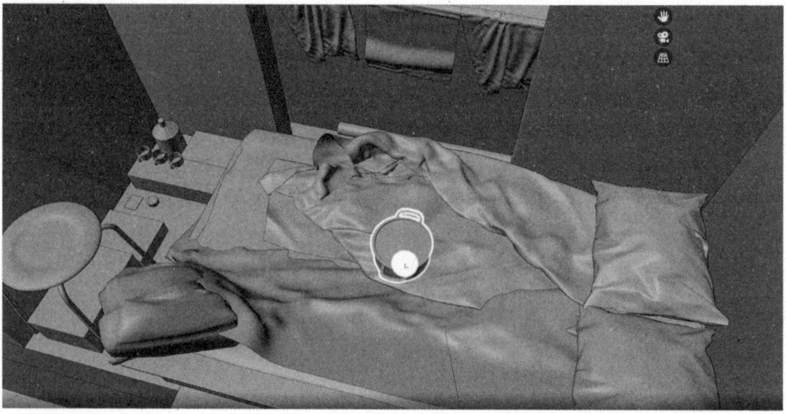

Die Zeug*innen arbeiteten mit den Ermittler*innen zusammen, um Details der Lebensumstände während ihres Aufenthalts im Theater zu rekonstruieren.

Über den QR-Code können zusätzliches Material und fünf Interviews in voller Länge aufgerufen werden.

denen die von den Projektpartner*innen von Forensic Architecture entwickelte Technik der „ortsbezogenen Zeugenaussagen“ (Situated Testimony) angewendet wurde.[1] Diese Technik basiert auf der Verwendung von 3D-Modellen von Szenen und Umgebungen, in denen traumatische Ereignisse stattgefunden haben. Der kollaborative Rekonstruktionsprozess ermöglichte es den Überlebenden, sich durch den virtuellen Raum des Theaters zu „bewegen“. So konnten die Überlebenden das Gebäude gemäß ihrer Erinnerung modellieren. Das daraus resultierende Modell dokumentiert sowohl die großen räumlichen Veränderungen als auch die kleinen individuellen Eingriffe der Bewohner*innen und ihre persönlichen Gegenstände.

Die gemeinsame Vorgehensweise erleichterte den Zeug*innen das Erinnern und ermöglichte dem CST-Team, fehlende Details im digitalen Modell zu ergänzen. Aufgrund der persönlichen Beschreibungen der Zeitzeug*innen wurde das Modell zu einer immer reichhaltigeren Sammlung kollektiver und individueller Erinnerungen. Die Videos der Zeug*innen zeigen, wie gesammelte individuelle und bisweilen auch widersprüchliche Erinnerungen ein kohärentes Bild einer gemeinsamen Realität ergeben.

1 „Situated Testimony“ ist eine Befragungstechnik, die von Forensic Architecture anhand von einem halben Dutzend Projekten entwickelt wurde. Situated Testimony verwendet 3D-Modelle von Szenen und Umgebungen, in denen traumatische Ereignisse stattgefunden haben, um den Prozess der Befragung und der Sammlung von Zeug*innenaussagen zu diesen Ereignissen zu unterstützen. Erinnerungen an traumatische oder gewalttätige Ereignisse können oft schwer fassbar oder verzerrt sein, aber die Forscher*innen haben festgestellt, dass die Verwendung von digitalen Architekturmodellen eine produktive Wirkung auf die Erinnerungen der Zeug*innen hat. Zusammen mit Architekturforscher*innen wird der Zeitzeuge oder die Zeitzeugin dabei gefilmt, wie er oder sie den Schauplatz eines Ereignisses rekonstruiert und die Erinnerungen an das Ereignis auf kontrollierbare und sichere Weise erschließt und abruft. „Investigation Methodology. Situated Testimony”, in: Forensic Architecture, forensic-architecture.org/methodology/situated-testimony, zuletzt aufgerufen am 4. August 2024.

Wie Open Source Intelligence den investigativen Journalismus besser macht

Lea Weinmann

LEA WEINMANN

Lea Weinmann ist seit 2022 Redakteurin im Investigativteam der *Süddeutschen Zeitung.* Sie ist für Recherchen im Netz zuständig und beschäftigt sich damit, wie man Open Source Intelligence (OSINT) im Journalismus nutzen kann. Sie schreibt über Kriegs- und Krisengebiete, Cybersicherheit, über Machtmissbrauch und MeToo-Fälle. Vor ihrem Volontariat bei der SZ hat sie Crossmedia-Redaktion in Stuttgart studiert und als freie Journalistin gearbeitet, darunter für den Südwestrundfunk, die *Stuttgarter Zeitung* und Correctiv. Sie wurde unter anderem mit dem Deutsch-Französischen Journalistenpreis ausgezeichnet und für den Deutschen Reporter*innenpreis nominiert. Im Jahr 2024 wurde sie vom *Medium Magazin* unter die „Top 30 bis 30" journalistischen Talente in Deutschland gewählt.

Die Fotos der Leichen von Butscha gingen im April 2022 um die Welt. Die Toten lagen mitten auf der Straße, manche neben ihren Fahrrädern, manche neben ihren Einkaufstüten, manche mit auf dem Rücken zusammengebundenen Händen. Sie lösten Entsetzen aus, Fassungslosigkeit über so viel willkürliche Gewalt und ein unheilvolles Grauen. Man konnte erahnen, welcher Vernichtungswille in diesem Vorort von Kyjiw gewütet haben muss, als russische Truppen ihn unter ihrer Kontrolle hatten.

Am 31. März 2022 brach die Kontrolle der Russ*innen. Die Soldat*innen zogen aus Butscha ab. Noch am selben Tag tauchten die ersten Bilder getöteter Zivilist*innen im Netz auf. Viele der Getöteten starben wohl schon während der Gefechte, beispielweise bei Raketenangriffen. Andere hingegen wurden in den Kopf geschossen oder von Panzern überfahren. Etwa zeitgleich zu den Fotos, die die Gräueltaten dokumentierten, verbreitete sich Russlands Behauptung: Die Menschen auf den Straßen seien nicht von russischen Soldat*innen getötet worden – vielmehr habe man sie erst dort platziert, nachdem ihre Truppen abgezogen seien.

Das, wissen wir heute, war gelogen. Teil einer Desinformationskampagne in einem Krieg, der nicht nur mit Panzern und Raketen, sondern mit Worten, Bildern und Emotionen geführt wird. Krieg ist immer auch ein Krieg um die Deutungshoheit.

Die Aufgabe von Journalist*innen ist es, in dem Chaos und Geschrei, die jeden Krieg begleiten, möglichst nah an die Wahrheit heranzukommen. Möglichst nah, weil niemand zu jeder Zeit und vollumfänglich objektiv sein kann, wenn er die Welt betrachtet und über sie berichtet. Das zu wissen und zu reflektieren, ist für unseren Beruf essenziell. Dennoch ist es unser unbedingter Auftrag, Desinformation zu erkennen und auch als solche zu benennen.

In einer Welt, in der sich die Informationen rund um die Uhr überschlagen und Journalist*innen erschwerten Zugang zu Kriegs- und Krisengebieten haben, ist das zunehmend schwieriger: Wer lügt? Wer sagt die Wahrheit? Was ist tatsächlich passiert? Wie finden wir es heraus, und das auch noch möglichst schnell? Methoden der Open Source Intelligence (OSINT) helfen dem Journalismus seit einigen

Jahren dabei, genau diese Fragen zu beantworten – oder sich zumindest einer Antwort anzunähern. Unter OSINT versteht man gemeinhin alle öffentlich verfügbaren Quellen. Dazu gehören Fotos und Videos in sozialen Netzwerken, Datenbanken, Schiffs- und Flugzeugtracker, öffentliche Leaks und Internetarchive, kurz: alles, was sich auf legalem Weg im Internet auftreiben lässt.

Im Fall der Verbrechen in Butscha entlarvten Satellitenbilder, die *The New York Times* wenige Tage später veröffentlichte, die Lüge des russischen Verteidigungsministeriums: Sie waren an verschiedenen Tagen im März 2022 aufgenommen worden – allesamt in einem Zeitraum, als die russischen Truppen sich noch in dem Ort befanden. Exakt an den Stellen, an denen die Fotograf*innen später die Leichen auf der Straße fanden, waren auf den Satellitenbildern kleine schwarze Punkte zu sehen: tote Körper, mindestens elf entlang der Jablunska-Straße. Sie müssen dort seit dem 11. März gelegen haben.

Der Schauplatz Butscha ist seit dem Frühjahr 2022 einer der Schwerpunkte bei den Ermittlungen des Internationalen Strafgerichtshofs wegen mutmaßlicher Kriegsverbrechen in der Ukraine. Vielfach stützen sich die Ermittler*innen heute auf Fotos und Videos; der Krieg in der Ukraine gilt als der am besten dokumentierte in der Welt. Das hilft nicht nur der Justiz, sondern auch Journalist*innen.

Auch bei der *Süddeutschen Zeitung* sind OSINT-Methoden mittlerweile Teil der Arbeit, insbesondere in der investigativen Recherche. Die Anwendungsfelder sind zahlreich: Satellitenbilder, Fotos und Videos aus den sozialen Medien helfen nicht nur bei der Dokumentation mutmaßlicher Kriegsverbrechen, sondern auch bei der Berichterstattung über verheerende Ereignisse mit großer gesellschaftlicher oder politischer Tragweite. Den Sturm auf das US-Kapitol im Januar 2021 zeichneten Medien mithilfe von Tausenden Stunden Videomaterial chronologisch aus verschiedenen Perspektiven nach. Das Massaker auf dem Supernova-Festival in Israel am 7. Oktober 2023 ist ebenfalls in seiner ganzen Brutalität auf Fotos und Videos dokumentiert. Journalist*innen nutzten diese für ausführliche Rekonstruktionen. Nicht, um eine Sensationslust zu bedienen – sondern damit niemand die Realität umdeuten oder die Augen davor verschließen kann, was passiert ist.

Hinschauen, wo andere offenbar lieber wegschauen: Einen solchen Fall hatten wir bei der *Süddeutschen Zeitung* auch im Sommer 2022. Ende Juni versuchten damals mehrere Hundert Migrant*innen mit Gewalt einen Grenzposten an der spanischen Exklave Melilla in Afrika zu überwinden. Melilla grenzt an Marokko, es ist eine von nur zwei Landgrenzen zwischen der Europäischen Union und Afrika, und damit auch eine EU-Außengrenze. An diesem Freitagmorgen starben an dem Grenzzaun mindestens 23 Menschen – unter zunächst ungeklärten Umständen. Kurz danach veröffentlichte die Nachrichtenagentur dpa eine kurze Meldung zu dem Vorfall. Darin stand sinngemäß, dass Menschen gewaltvoll versucht hätten, in die EU zu gelangen. Marokkanische Sicherheitskräfte hätten sie daran größtenteils gehindert. Es habe einige Tote gegeben. Und Spaniens Ministerpräsident Pedro Sánchez lobte die „konstruktive Zusammenarbeit" spanischer und marokkanischer Grenzbeamt*innen.

Zeitgleich kursierten in den sozialen Medien an diesem Wochenende immer mehr Fotos und Videos, die zeigten, was genau an diesem Freitagmorgen an der Grenze zur EU geschehen war. Die Aufnahmen waren brutal: Reizgas, Menschen mit Stöcken in den Händen, Chaos, Gebrüll. Wir sahen und archivierten dann auch Videos von übereinandergestapelten Körpern, von Menschen, die vor laufender Kamera erstickten, und von Polizist*innen, die auf am Boden liegende Personen mit dem Schlagstock eindroschen. In den darauffolgenden Tagen versuchten wir in der Redaktion zu rekonstruieren, was genau an der Grenze zu Melilla geschehen war. Warum diese Menschen gestorben waren – und welche Rolle die marokkanischen Grenzbeamt*innen dabei spielten, die Sanchéz gelobt hatte.

Nach Veröffentlichung unseres Artikels blieben viele Fragen unbeantwortet. Beispielsweise, wie viele Menschen genau gestorben waren. Oder warum überhaupt so viele auf einmal in Richtung Grenze marschiert waren. Dennoch lieferte unsere Berichterstattung mehr Information, ordnete ein und ermöglichte es der Öffentlichkeit, die politische Debatte, die daraufhin folgte, informierter zu führen. Möglich war all das nur mithilfe der Aufnahmen dieses Tages, die wir verifizierten und analysierten.

Verifikation bedeutet, dass wir Fotos und Videos selbstverständlich nicht ungeprüft für unsere Berichterstattung verwenden. Wir halten uns dabei an die gleichen Standards, die die Qualität unserer Berichterstattung auch sonst sicherstellen. Konkret bedeutet das, dass wir Videos und Fotos beispielweise immer geolokalisieren, also genau ausfindig machen, wo sie aufgenommen wurden. Dabei helfen uns Online-Kartendienste, Streetview-Ansichten und Satellitenbilder. Wichtig ist auch, so genau wie möglich zu bestimmen, von wann eine Aufnahme stammt. Das geht manchmal mithilfe von Metadaten, die bei einer Datei hinterlegt sind. In anderen Fällen sichern wir uns dadurch ab, dass Videos aus anderen Quellen dasselbe Geschehen aus einer anderen Perspektive zeigen – im Journalismus nennt man dieses Vorgehen das Zwei-Quellen-Prinzip. Und natürlich müssen wir ausschließen können, dass ein Foto oder Video manipuliert ist. Das wird immer schwieriger, aber dazu später mehr.

Rekonstruktionen oder Recherchen, die auf visuellem Material aufbauen, bezeichnet man auch als Visual Investigations. Vor allem *The New York Times* hat diese Art von Recherche in den vergangenen Jahren vorangetrieben und geprägt. Mittlerweile sind knapp 20 Mitarbeitende der Zeitung im eigens geschaffenen Visual-Investigations-Team tätig. *The New York Times* war es auch, die vergangenes Jahr den Leaker der geheimen Pentagon-Dokumente ausfindig machte – anhand einer Tischplatte. Auf einer Plattform in den sozialen Medien fanden sie ein Foto des jungen Mannes in Militärhose, im Hintergrund war ein Küchentisch aus Granit zu sehen. Die Journalist*innen hatten aufgrund anderer Recherchen schon Hinweise darauf, dass es sich bei dem Mann um den vom FBI gesuchten Leaker handeln könnte. Dass auf dem Foto dieselbe Granitmaserung des Tisches zu sehen war wie auf einem der geleakten Fotos, gab ihnen den finalen Hinweis: Kurz danach klingelte das Rechercheteam an der Tür von Jack T. – wenige Stunden, bevor auch das FBI dort auftauchte.

Solche spektakulären Recherchen sind kein journalistischer Alltag, leider. Dennoch helfen uns OSINT-Methoden gerade bei investigativen Recherchen nahezu täglich. Oft auf eine Weise, die man dem veröffentlichten Bericht am Ende gar nicht anmerkt. Im Mai 2024 berichteten wir beispielsweise über das Video von der deutschen Insel Sylt, das junge Menschen zeigt, die lauthals rassistische Zeilen zu dem Song „L'amour toujours" von Gigi D'Agostino grölten und den Hitlergruß zeigten. Damit waren wir bei der *SZ* nicht allein, das Video ging viral und so ziemlich alle deutschen Medien griffen es auf. In unserem Artikel kamen allerdings auch andere, die auf der Party gewesen waren, zu Wort. Gefunden hatten wir sie über soziale Medien, weil sie eigene Videos von der Pfingstfeier auf Sylt veröffentlicht hatten, versehen mit Ortsmarken oder Hashtags. Auch das ist OSINT: die Möglichkeit, eine Perspektive mehr einzubringen, Menschen zu Wort kommen zu lassen, die nicht schon überall zitiert wurden.

In anderen Fällen hilft uns die Onlinerecherche, Informationen von Quellen unabhängig zu verifizieren. Wenn sich uns eine Quelle anvertraut, gilt auch dann, dass wir ihre Behauptungen so gut es geht prüfen, bevor wir uns zu einer Berichterstattung entschließen. Kürzlich recherchierten wir zu einem UN-Soldaten und hatten den Hinweis, dass er sich zu einem bestimmten Zeitraum in einem afrikanischen Land aufgehalten haben sollte. Es gab allerdings keine Belege dafür, kein Foto, keine Dokumente. Dann fanden wir sein öffentliches Profil in einer Lauf-App, mit der er all seine Joggingrouten getrackt hatte – darunter auch jene in dem afrikanischen Land, mit Kilometerzahl, Dauer und genauem Datum.

Eine der Stärken von OSINT im investigativen Journalismus ist aus meiner Sicht, dass man die Recherchewege oft transparent machen kann. Das ist eine Besonderheit, denn investigative Journalist*innen legen in der Regel eben nicht offen, wie sie an eine Information gekommen sind. Zum einen, um ihre Quellen zu schützen – Quellenschutz ist das oberste Gebot bei unserer Arbeit. Zum anderen soll der Inhalt der Recherche, der Missstand, den wir anprangern, nicht hinter der Recherche an sich zurückstehen. OSINT-Recherchen fußen überwiegend auf öffentlichen Quellen, die man benennen kann. Journalist*innen wird zunehmend vorgeworfen, gesteuert zu sein, im Verborgenen zu agieren, geheime Pläne zu verfolgen. Diesen Verschwörungsmythen mit mehr Transparenz in der Recherche begegnen zu können, ist eine Chance, die der Journalismus für sich nutzen sollte.

Selbstredend sind auch OSINT-Methoden nicht die Lösung für alles. Viele Recherchen laufen auch unter Anwendung sämtlicher

OSINT-Tricks in eine Sackgasse. Nützliche Onlinetools führen einen manchmal auf die falsche Fährte oder funktionieren plötzlich nicht mehr. Hinzu kommt, dass täglich mehr – und täuschend echt aussehende – KI-generierte Bilder und Videos das Netz fluten. Wie stellen wir sicher, dass vermeintlich authentische Aufnahmen tatsächlich abbilden, was sie vorgeben zu zeigen? Das ist eine Frage, die uns auch im Journalismus immer öfter und dringlicher beschäftigen wird. Ich habe darauf selbst noch keine befriedigende Antwort gefunden. Es gibt bisher kein „Allround-Tool", das einem mit Sicherheit sagt, ob ein Bild real oder künstlich erstellt, glaubwürdig oder manipuliert ist. Bislang ist es am besten, sich auf die eigenen Sinne – und nicht auf Tools – zu verlassen.

Andererseits verbessert Künstliche Intelligenz die OSINT-Recherche auch: Diverse KI-gestützte Onlineanwendungen ermöglichen es zum Beispiel, ein Foto viel schneller oder gar komplett automatisiert zu geolokalisieren. Das spart Zeit, die wir wieder in die Recherche investieren können.

OSINT-Methoden haben also ihre Grenzen. Journalist*innen sollten sich nie ausschließlich auf Tools und das Internet verlassen. Die beste Recherche im Netz ersetzt kein persönliches Gespräch mit einer verlässlichen Quelle. Es geht bei OSINT-Recherchen aber auch gar nicht darum, den klassischen Journalismus zu ersetzen. Es lässt sich am besten mit einem Werkzeugkasten vergleichen, der Journalist*innen zur Verfügung steht: Jedes Werkzeug steht für eine Recherchemethode. Die Möglichkeiten von Open Source Intelligence sind eine Erweiterung dieses Werkzeugkastens. Es sind ein paar hilfreiche Werkzeuge dazugekommen. Auf Hammer und Meißel – also Telefon und Notizblock – kann und sollte man als Journalist*in trotzdem nicht verzichten.

Für diesen Zweck nicht geeignet?

Klimagesetze, Wissenschaft, Technologie und die Menschen an vorderster Front

Anjli Parrin

ANJLI PARRIN

Anjli Parrin ist eine kenianische Menschenrechtsanwältin und Assistenzprofessorin für Rechtswissenschaften an der University of Chicago Law School, wo sie die Global Human Rights Clinic leitet. Die Klinik arbeitet mit Partner*innen und Gemeinschaften zusammen, um Gerechtigkeit zu fördern und strukturelle Ungleichheiten zu beseitigen, die weltweit zu Menschenrechtsverletzungen führen. Parrin führt Menschenrechtsermittlungen, Untersuchungen, Forschung und Interessenvertretung in den Bereichen bewaffnete Konflikte und internationales Strafrecht, Kolonialismus und seine Folgen, Klimagerechtigkeit, Diskriminierung und Ungleichheit sowie sozioökonomische Rechte durch. Sie ist außerdem Beraterin des UN-Sonderberichterstatters über außergerichtliche, summarische oder willkürliche Hinrichtungen.

Die Teebäuer*innen in Kenia, wo ich herkomme, konnten seit Generationen den Beginn der beiden jährlichen Regenzeiten des Landes exakt vorhersagen. Während meiner Kindheit und Jugend konnte ich einfach irgendeine*n von ihnen fragen und sie schauten dann zum Himmel auf und erklärten mir in prophetischem Ton: „In zwölf Tagen wird der Regen beginnen." Sie konnten auch das Unvorhersehbare an den Regenfällen mit einberechnen; Überschwemmungen und Dürren traten in der Regel innerhalb mehrjähriger Zyklen auf.

In letzter Zeit haben sich die Regenfälle jedoch verändert. Dürren.[1] Dann Überschwemmungen.[2] Gefolgt von noch verheerenderen Überflutungen.[3] Zu ungewöhnlichen Jahreszeiten. Kaltes Wetter, wenn es eigentlich warm sein sollte, und dann Hitzewellen, so sengend heiß, wie wir sie uns nicht hätten träumen lassen. Was wiederum zu einer immensen Zunahme an Moskitos führt, die mich nachts beim Einschlafen in den Wahnsinn treiben.[4] In Bezug auf diejenigen, mit denen wir unser Land teilen, erlebten wir noch weitere Veränderungen. Vor Kurzem besuchte uns in unserem Haus in Nairobi ein wunderschöner Rossturako mit roten Flügeln. → ABB. 1 So auch immer mehr Affen. Sanfte Affen, durchtriebene Affen, ganze Affenfamilien mit kleinen Babys. Schön anzuschauen, aber ich weiß, dass sie hierherkommen, weil sich das Klima verändert und sich die Muster der Biodiversität verschieben.

Das sind die kleinen Anzeichen für unseren brennenden Planeten. Der Planet brennt, ausgelöst von etwas, das Expert*innen als die „dreifache planetare Krise" bezeichnen – eine Krise des Klimawandels, der Umweltverschmutzung und des Artensterbens.[5]

Überall auf der Welt beobachten Bäuer*innen, Fischer*innen, Seefahrer*innen, Medizinmänner und -frauen und viele andere ähnliche Veränderungen in den Gewässern und Böden, auf die sie angewiesen sind. Fischerkapitän*innen in Guam haben mir erzählt, dass sie die Gewässer, in denen sie über Generationen hinweg gefischt hatten, verlassen mussten, weil die Fische, die sie normalerweise fangen, in andere Gebiete abgewandert sind. Indigene Medizinpersonen finden nicht länger die für ihre Praktiken wesentlichen Pflanzen, die einst im Überfluss vorhanden waren. In Alaska berichten Kayak-Reiseleiter*innen, dass sie mit eigenen Augen sehen, wie die Gletscher

Abbildung 1. Ein Rossturako taucht in Nairobi auf.

Abbildung 2. Die Gletscher in Alaska schmelzen und stürzen in den Ozean, der sich immer weiter erwärmt.

jeden Sommer dramatisch zurückgehen und wie große Gletscherstücke in den immer wärmer werdenden Ozean abrutschen. → ABB. 2+3

Zwar sind wir alle im Kleinen und Großen davon betroffen, aber die Auswirkungen der dreifachen planetaren Krise sind nicht überall gleich spürbar. Da gibt es Menschen an vorderster Front – Menschen, die in kleinen Inselstaaten leben, indigene Gruppen, solche, die in schwerer Armut leben, und diejenigen, die in vergangener Zeit (wie auch heute noch) systematisch marginalisiert wurden und werden. So sehr, dass Tendayi Achiume, ehemalige Sonderberichterstatterin der Vereinten Nationen zu Rassismus und Fremdenfeindlichkeit, die Klimakrise als eine „racial justice crisis" – eine Krise der Gerechtigkeit für rassistische Diskriminierung – bezeichnete. Dabei wies sie auf globale Opferzonen („sacrifice zones") hin, „Regionen, die durch Umweltzerstörung gefährlich und sogar unbewohnbar geworden sind".[6] In den Opferzonen leben Bewohner*innen kleiner Inselstaaten, indigene Gruppen, junge Menschen und Gemeinschaften, die in den am meisten gefährdeten Orten im Globalen Süden beheimatet sind. Für diese Gruppen sind Diskussionen über Klimawandel im wahrsten Sinne des Wortes existenziell.

Die bittere Ironie besteht darin, dass gerade diese Menschen, die sich an vorderster Front der Klimakrise wiederfinden, oft am wenigsten zur Verschärfung des Problems beigetragen haben. Kleine Inselentwicklungsstaaten tragen weniger als 1 Prozent zu den globalen Treibhausgasemissionen bei.[7] So hatte Kiribati – ein kleiner Inselstaat im Pazifik – im Jahr 2022 30-mal weniger CO_2-Emissionen pro Kopf als die Vereinigten Staaten, wo ich im Moment lebe.[8] Während kleine Inselstaaten buchstäblich untergehen, verpesten wohlhabende Staaten weiterhin – weitgehend unbehelligt – die Welt.

DIE KLIMAKRISE VOR GERICHT

Vereinigungen junger Menschen aus der ganzen Welt setzen sich für eine lebenswerte Gegenwart und eine Zukunft für alle ein. Angeführt werden sie dabei von denjenigen, die unmittelbar im Angesicht der Klimakrise leben. Gruppen wie Pacific Island Students Fighting Climate Change (PISFCC), die 2019 von 27 Student*innen der University of the South Pacific gegründet wurde, und World's Youth for Climate

Justice (WYCJ), eine globale Vereinigung junger Menschen, dokumentieren die Schäden, die der Klimawandel anrichtet, berichten von dessen Auswirkungen auf ihre Heimat und setzen sich für dringenden Wandel und wirksame Maßnahmen ein. Seit 2019 drängt PISFCC darauf, dass sich der Internationale Gerichtshof (IGH) – allgemein oft als Weltgericht bezeichnet, dessen Aufgabe es ist, Angelegenheiten zwischen Staaten zu entscheiden – mit folgender Frage auseinandersetzt: Welche Konsequenzen ergeben sich für diejenigen, die dem Klima schaden? Im März 2023 erkämpften sich die Studierenden das Recht, ihren Fall vorzubringen.

Zusammen mit der Republik Vanuatu überzeugten sie 132 Staaten und schufen damit den nötigen Konsens für eine Resolution der UN-Generalversammlung, die den IGH um ein Rechtsgutachten zu Fragen des Klimawandels ersuchte.[9] Obwohl ein solches Gutachten für Staaten nicht bindend ist, hat es oft erheblichen Einfluss, wird häufig respektiert und umgesetzt. Zudem gibt es Hinweise darauf, wie zukünftige, rechtlich bindende Verfahren zum Klimawandel wohl verlaufen werden. Der IGH wurde beauftragt, drei einfache, aber zentrale Fragen zu klären.[10]

Erstens, welche Verpflichtung haben Staaten im Zuge des Völkerrechts, das Klima für gegenwärtige und zukünftige Generationen zu schützen? Zweitens, welche Konsequenzen gibt es für Staaten, die dem Klima schaden, gerade mit Blick auf andere Staaten, insbesondere kleine Inselentwicklungsstaaten, die am stärksten gefährdet sind? Und schließlich: Welche Konsequenzen sollte es für Staaten geben, die diesen von der Klimakrise betroffenen Bevölkerungen, sowohl den gegenwärtigen als auch den zukünftigen Generationen, schaden? Im Wesentlichen verlangen diese Fragen vom IGH, dass er uns erklären soll, was Länder unternehmen müssen, um das Klima zu schützen, und inwiefern sie für von ihnen verursachte Klimaschäden haftbar sind. Sie zielen ebenfalls auf die ungleiche Verteilung der Belastungen ab, indem sie fragen, was man kleinen Inselentwicklungsstaaten genau schuldig ist und auch, was Länder einzelnen Geschädigten heute und in Zukunft schulden.

Im April 2024 wurde das Ausmaß dieses Problems deutlich, als das Gericht bekannt gab, es habe innerhalb der vorgegebenen Frist 91

Abbildung 3. Der Anstieg des Meeresspiegels auf Guam führt zur Überflutung niedrig gelegener Gebiete, zur Erosion von Stränden und zu verstärkten Küstenüberflutungen bei Taifunen und Tsunamis.

schriftliche Stellungnahmen erhalten – mehr als es je zuvor im Zuge eines Rechtsgutachtens.[11] Staaten, die eigene Stellungnahmen abgegeben haben, bekommen nun die Gelegenheit, die Eingaben anderer schriftlich zu kommentieren, bevor voraussichtlich Anhörungen stattfinden werden. Es wird vermutlich mehrere Jahre dauern, bis eine endgültige Entscheidung feststeht.

Das Gutachten des IGH ist nur eines von mehreren wegweisenden Gutachten, die die zukünftige Richtung von Klimagerechtigkeit und Verantwortlichkeit für Klimaschäden bestimmen werden. Im Januar 2023 stellten Chile und Kolumbien eine Anfrage an den Interamerikanischen Gerichtshof für Menschenrechte, der klären sollte, welche Verantwortung Staaten innerhalb des interamerikanischen Systems beim Umgang mit klimabedingten Notfällen tragen.[12] Im Dezember 2022 wandte sich ein Zusammenschluss kleiner Inselstaaten an den Internationalen Seegerichtshof (ISGH) und ersuchte diesen, darüber zu entscheiden, inwiefern Staaten verpflichtet sind, eine durch den Klimawandel verursachte Verschmutzung der Meeresumwelt zu verhindern, zu reduzieren und zu kontrollieren.[13] Bisher stellte nur der ISGH sein Gutachten vor, in dem er in einem richtungsweisenden Urteil im Mai 2024 entschied, dass Staaten verpflichtet sind, bestimmte und konkrete Schritte vorzunehmen, um auf Basis der besten verfügbaren Wissenschaft Schäden an der Meeresumwelt zu verhindern.[14]

ZWISCHEN GESETZ, WISSENSCHAFT UND MENSCHEN

Aktivist*innen und betroffene Gemeinschaften hegen große Hoffnungen, dass diese Rechtsgutachten gewisse Verantwortlichkeiten für Klimaschäden schaffen und zu mehr Klimaschutz führen werden. Und diese Bemühungen sind äußerst grundlegend, dringend und notwendig. Dennoch reichen sie allein nicht aus.

In den kommenden Jahren werden Anwält*innen in Gerichtssälen über Wissenschaft und kausale Zusammenhänge debattieren; sie werden darüber streiten, ob der neueste verheerende Hurrikan oder ein anderes Extremwetterereignis dem Klimawandel zugerechnet werden kann. Obwohl sich die Botschaft der Wissenschaft nicht ändert, werden sie die Beweise auseinanderpflücken. Sie werden fragen: Wann werden die kleinen Inseln, deren Bevölkerung vor dem IGH so hart um Antworten kämpfte, denn wirklich versinken? Steht das denn tatsächlich so kurz bevor? Wenn all diese Wissenschaftler*innen sich nicht darauf einigen können, wie sich die Klimakrise *genau* auswirken wird und wann diese Auswirkungen auftreten werden, dann passiert es vielleicht ja gar nicht? Wie können wir uns wirklich sicher sein, was der Grund für das alles ist? Und selbst wenn wir das wissen, wie kann wirklich bewiesen werden, dass die Emissionen unseres Landes oder unseres Unternehmens zu einem Waldbrand beigetragen haben, der sich Tausende Kilometer entfernt ereignet hat, oder dass sie Anteil daran haben, dass ein Haus von Überschwemmungen zerstört wurde?

Das verdeutlicht eines der grundsätzlichen Probleme zwischen Rechtsprechung und Wissenschaft. Rechtsprechung ist ein begrenztes Werkzeug, das sich primär mit bereits geschehenem Unrecht auseinandersetzt. Wenn Sie mein Fahrrad stehlen, dann klage ich Sie vor Gericht an, um den Wert meines Fahrrads zurückzuerhalten. Wenn Sie in Zukunft mein Fahrrad stehlen werden, kann ich Sie nicht schon jetzt vor Gericht anklagen. Was passiert aber, wenn die zukünftigen Schäden existenziell sind? Was passiert, wenn unsere derzeitigen Emissionen und der Schaden, den wir dem Klima heute zufügen, dazu führen, dass unser Planet in Zukunft für die meisten Menschen unbewohnbar wird?

Die Klimawissenschaften versuchen oft, Ereignisse der Vergangenheit zu entwirren und verwenden das daraus erlangte Wissen, um Annahmen über die Zukunft anzustellen. Unser derzeitiges Verständnis von Klimawissenschaften schränkt uns jedoch gleichsam ein, besonders, wenn wir es in einem Gerichtssaal anwenden. Zwar hilft uns die Wissenschaft dabei, zu verstehen, wie verschiedene Konzepte wie Abholzung, Umweltverschmutzung, Artensterben und Erderwärmung zusammen Einfluss auf unser zukünftiges Klima haben werden, dennoch schreitet sie in einem vorsichtigen Tempo voran, das nicht zwangsläufig der Dringlichkeit der Probleme entspricht. Heutzutage sind Wissenschaftler*innen besser in der Lage, die Auswirkungen menschengemachter Veränderungen auf die Erde zu verstehen, doch die Wissenssysteme bleiben meist nach wie vor zu allgemein, als dass man die exakten Auslöser für bestimmte Klimaereignisse benennen könnte. Wissenschaft arbeitet mit Wahrscheinlichkeiten, sie trifft keine absoluten Aussagen. Gerichte fordern dagegen Gewissheit; sie wollen sicher sein, dass Schaden entstanden ist oder entstehen wird, bevor sie eine bestimmte Person oder Entität bestrafen und diese zu Wiedergutmachungsleistungen verpflichten. Und so besteht die Herausforderung darin, all diese Ungewissheiten, die nach wie vor in der Wissenschaft bestehen, mit der Gewissheit von Menschen, deren Land nicht länger landwirtschaftlich nutzbar ist oder deren Häuser durch extremes Wetter zerstört wurden, zusammenzubringen.

Obwohl es in der Gesetzgebung und Wissenschaft reale strukturelle Hürden gibt, sind dies nun einmal die Werkzeuge, die uns zur Verfügung stehen, um Klimagerechtigkeit anzugehen. Wir müssen die Stimmen, Gesichter und Kulturen, die am stärksten von der Klimakrise betroffen sind, vor Gericht sichtbar machen und zeigen, was es heißt, an vorderster Front zu leben. Wir müssen außerdem die gegenwärtige Klimaungerechtigkeit mit der Geschichte der Gewalt und Schädigung zusammenbringen, die sich auf ihrem Land abgespielt hat. Die Geschichten der Menschen, die sich dem größten Schaden gegenübersehen – denn Menschen verlieren schon jetzt ihre Häuser, ihr Land und ihre Lebensgrundlage; ganze Länder drohen zu verschwinden –, verwandeln die juristische Auseinandersetzung mit Klima von abstrakten Diskussionen über Wissenschaft, Daten und staatliche Verantwortung in reale, menschliche Erfahrungen, die nicht ignoriert werden können.

Das Gericht muss ebenso erfahren, wie sich Gemeinschaften an das Klima anpassen – neben neuen Technologien gehören dazu auch traditionelle Methoden, die auf dem Wissen ihrer Vorfahr*innen über das Land und den Ozean aufbauen und die ihnen dabei helfen, ihre Umwelt zu bewahren und zu beschützen. Dieses Wissen ist entscheidend, um Lösungen zu finden, die das Gericht letztendlich anstreben wird, um den Schaden zu beheben.

Eine Möglichkeit, dies zu erreichen, ist es, Visual Investigations und Dokumentarfilme als Werkzeuge zur Geschichtserzählung zu nutzen, um so Narrative, Daten, Wissenschaft und Gesetzgebung miteinander in Verbindung zu bringen und zu verdichten. Visual Investigations können uns helfen, komplexe wissenschaftliche Daten zu verschiedenen Indikatoren des Klimawandels zu erheben,[15] darunter steigende Meeresspiegel, CO_2 in der Atmosphäre, Temperaturveränderungen

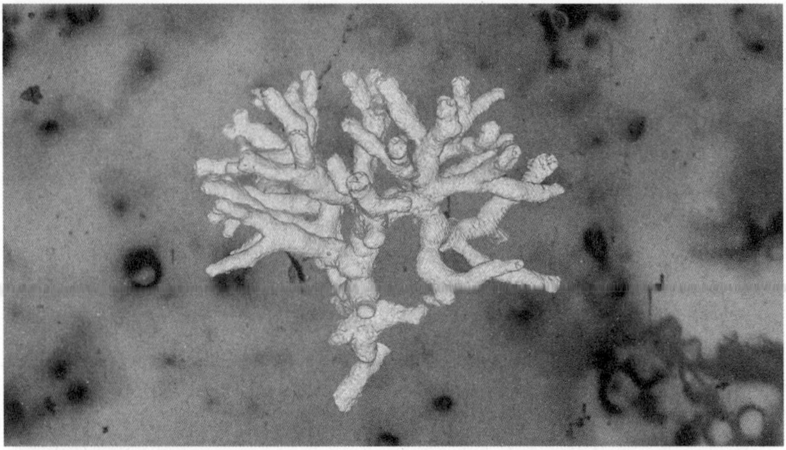

Abildungen 4 und 5. Der Film von Suneil Sanzgiri zeigt Erfahrungsberichte und verbindet sie mit wissenschaftlichen Daten und Dokumenten aus Gerichtsverfahren.

von Luft und Oberfläche, Ozeanübersäuerung und schmelzende Gletscher. Diese Daten lassen sich anschließend mit makroskopischen Effekten – wie Überschwemmungen, Extremwetterereignissen, Waldbränden, Veränderungen in der Meeresumwelt, Verlust von Ackerland – und mit den mikroskopischen, also individuellen Auswirkungen zusammenbringen. Anstatt Tausende Seiten trockener wissenschaftlicher Berichte, Studien und persönlicher Stellungnahmen durchzulesen, können wir den Schaden direkt sehen und ihn im Kontext von Kolonialismus, Militarismus und Ausbeutung verorten. Visual Investigations sollen keine Antworten liefern, sondern Diskussionen und Debatten anstoßen.

Derzeit versuchen SITU Research aus Brooklyn, New York, und die Global Human Rights Clinic an der University of Chicago Law School gemeinsam mit dem Künstler Suneil Sanzgiri und Studierenden der PISFCC und der WYCJ in der Pinakothek der Moderne in München genau das. Wir haben einen Film geschaffen, der mithilfe von Visual-Investigations-Methoden zeigt, was bei dem Rechtsgutachten des IGH auf dem Spiel steht und welchen genauen Auswirkungen sich die Gemeinschaften an vorderster Front in den kleinen Inselstaaten des Pazifiks gegenübersehen. Indem wir Kunst dazu nutzen, wissenschaftliche Daten, Gesetzgebung und die Geschichten über gelebte Erfahrungen ineinanderfließen zu lassen, machen wir diese Fälle zugänglicher und besser verständlich.

Das Gespräch über Klimagerechtigkeit darf nicht einfach in den Gerichtssälen enden. Wir alle müssen uns daran beteiligen und kritisch untersuchen, wie die Prozesse ablaufen und wer am stärksten betroffen ist. Die Rechtsgutachten und Urteile müssen genau aufgegliedert und analysiert werden. Wir sollten sie in Klassenzimmern und sogar in Museen besprechen. Wir alle können Gespräche darüber anstoßen, was bereits geschieht und was noch getan werden muss.

Bei Klimagerechtigkeit steht alles auf dem Spiel – es ist existenziell. Für diejenigen, die schon jetzt an vorderster Front des Klimawandels leben, ist dies längst bittere Realität, und in naher Zukunft wird es uns alle betreffen. Wir müssen uns dieser Herausforderung stellen. Das schulden wir nicht nur den heute schon Betroffenen, sondern auch uns selbst in Zukunft.

Anmerkung der Autorin

Mein tiefer Dank gilt Ryan Manzuk, Candice Strongwater und Priyanka Motaparthy für ihre Kommentare zu diesem Essay und Brad Samuels und dem gesamten Team bei SITU Research für ihre Visionen, Innovationen und Beiträge, mit denen sie Klimagerechtigkeit mithilfe von Visual Investigations voranbringen.

1 Amt der Vereinten Nationen für die Koordinierung humanitärer Angelegenheiten (Hrsg.), „Kenya Drought Response Dashboard (Mai 2022)", unocha.org/publications/report/kenya/kenya-drought-response-dashboard-may-2022, zuletzt aufgerufen am 19. August 2024.

2 Ders. „Kenya: Heavy Rains and Floods Impact and Response (as of 20 December 2023)", unocha.org/publications/report/kenya/kenya-heavy-rains-and-floods-impact-and-response-20-december-2023, zuletzt aufgerufen am 19. August 2024.

3 Agence France-Presse, „Kenya Floods Death Toll at 228 as Crisis Persists", in: *Voice of America* (VOA), 5. Mai 2024, voanews.com/a/kenya-floods-death-toll-at-228-as-crisis-persists/7598540.html, zuletzt aufgerufen am 19. August 2024.

4 Bethlehem Feleke und Larry Madowo, „Kenya's Hard Won Gains against Malaria Threatened by Surging Temperatures", in: *CNN*, 7. September 2023, cnn.com/2023/09/07/africa/malaria-mosquitoes-kenya-climate-change-intl/index.html, zuletzt aufgerufen am 19. August 2024.

5 United Nations Climate Change (Hrsg.), „What Is the Triple Planetary Crisis?", 13. April 2022, unfccc.int/news/what-is-the-triple-planetary-crisis, zuletzt aufgerufen am 19. August 2024.

6 Hoher Kommissar der Vereinten Nationen für Menschenrechte, „The Global Climate Crisis Is a Racial Justice Crisis: UN Expert", 31. Oktober 2022, ohchr.org/en/press-releases/2022/11/global-climate-crisis-racial-justice-crisis-un-expert, zuletzt aufgerufen am 19. August 2024. Die Sonderberichterstatterin der Vereinten Nationen zu Rassismus und Fremdenfeindlichkeit veröffentlichte zu diesem Thema einen Bericht. Vgl. UN General Assembly, A/77/549, 25. Oktober 2022, ohchr.org/en/documents/thematic-reports/a77549-report-special-rapporteur-contemporary-forms-racism-racial, zuletzt aufgerufen am 19. August 2024.

7 UN-Hauptabteilung Wirtschaftliche und Soziale Angelegenheiten (Hrsg.), „Small Islands Prepare for Their Big Moment in 2024", 19. Januar 2024, un.org/en/desa/small-islands-prepare-their-big-moment-2024, zuletzt aufgerufen am 19. August 2024.

8 Our World in Data, „Per Capita CO2 Emissions", ourworldindata.org/grapher/co-emissions-per-capita?tab=table, zuletzt aufgerufen am 19. August 2024.

9 Vanuatu ICJ Initiative, vanuatuicj.com, zuletzt aufgerufen am 19. August 2024.

10 Generalversammlung der Vereinten Nationen, A/RES/77/276, 4. April 2023, documents.un.org/doc/undoc/ltd/n23/094/52/pdf/n2309452.pdf, zuletzt aufgerufen am 19. August 2024

11 Internationaler Gerichtshof, „Obligations of States in Respect of Climate Change (Request for Advisory Opinion), Filing of Written Statements", Presseerklärung, 12. April 2024, icj-cij.org/sites/default/files/case-related/187/187-20240412-pre-01-00-en.pdf, zuletzt aufgerufen am 19. August 2024.

12 International Tribunal for the Law of the Sea, „Request for an Advisory Opinion submitted by the Commission of Small Island States on Climate Change and International Law (Request for Advisory Opinion submitted to the Tribunal)“, Rechtsgutachten, 21. Mai 2024.

13 „Request for an advisory opinion on climate emergency and human rights to the Inter-American Court of Human Rights from the Republic of Colombia and the Republic of Chile“ 9. Januar 2023.

14 Catherine Amirfar und Duncan Pickard, „Q&A. ‚The Oceans Court' Issues Landmark Advisory Opinion on Climate Change“, Just Security, 21. Mai 2024, justsecurity.org/95874/itlos-advisory-opinion-climate-change/, zuletzt aufgerufen am 19. August 2024.

15 Das Global Climate Observing System (GCOS) hat zentrale Indikatoren festgestellt, mit denen sich klimabedingte Veränderungen von Atmosphäre, Boden und Ozean verstehen lassen, die über ansteigende Temperaturen hinausgehen. Für regelmäßige Berichte und Analysen vgl.: GCOS, „Global Climate Indicators“, gcos.wmo.int/en/global-climate-indicators, zuletzt aufgerufen am 19. August 2024.

Was ist man uns schuldig?

Die Klimakrise vor dem Internationalen Gerichtshof

SITU Research, New York City, in Zusammenarbeit mit Global Human Rights Clinic der University of Chicago, Pacific Island Students Fighting Climate Change, World's Youth for Climate Justice und Suneil Sanzgiri

2023 – fortlaufend

SITU RESEARCH → ÜBER SITU RESEARCH SIEHE SEITE 25

Projektbeteiligte: Brad Samuels, Candice Strongwater und Ryan Manzuk, Doktorand am Institut für Geowissenschaften der Universität Princeton

GLOBAL HUMAN RIGHTS CLINIC DER UNIVERSITY OF CHICAGO LAW SCHOOL

Die Global Human Rights Clinic (GHRC) der University of Chicago Law School kooperiert mit Partner*innenorganisationen und Gemeinschaften, um Gerechtigkeit zu fördern und Ungleichheiten und strukturelle Ungerechtigkeiten zu bekämpfen, die weltweit zu Menschenrechtsverletzungen führen. Um drängende und vernachlässigte Menschenrechtsprobleme anzugehen und die nächste Generation effektiver, ethisch denkender und kreativer Jurist*innen auszubilden, setzt die GHRC verschiedene Taktiken und interdisziplinäre Methoden ein. Die Arbeit der Klinik umfasst die Untersuchung von Massenverbrechen, den Einsatz für Klimagerechtigkeit, die Auseinandersetzung mit den Folgen des Kolonialismus, das Eintreten für Gleichberechtigung und Nichtdiskriminierung sowie die Förderung sozioökonomischer Rechte.

Projektbeteiligte: Anjli Parrin, Michelle Esposito und Sarah Ginsburg

PACIFIC ISLAND STUDENTS FIGHTING CLIMATE CHANGE

Pacific Island Students Fighting Climate Change (PISFCC), eine Koalition von Anwält*innen, Aktivist*innen und Studierenden von den Pazifischen Inseln, strebt Gerechtigkeit in Klimafragen vor dem Internationalen Gerichtshof (IGH) an. Ihr Ziel ist es, den IGH aufzufordern, eine Rechtsfrage zu klären, die dazu beiträgt, das internationale Recht weiterzuentwickeln, rechtliche Verpflichtungen im Zusammenhang mit Umweltverträgen und grundlegenden Menschenrechten zu integrieren und die Verantwortung von Staaten für Klimaschäden zu klären.

Projektbeteiligte: Vishal Prasad, Siosiua Veikune und Sonia Jitt

WORLD'S YOUTH FOR CLIMATE JUSTICE

World's Youth for Climate Justice (WYCJ) ist eine von Jugendlichen geführte, globale Kampagne, die den IGH um ein Gutachten zu den Themen Klimawandel und Menschenrechten ersucht. Aus Solidarität mit der PISFCC und in der Erkenntnis, dass globale Unterstützung nötig ist, um den IGH zu einem Gutachten zum Klimawandel zu bewegen, haben sich Jugendliche aus Asien, Afrika, der Karibik, Lateinamerika und Europa im Jahr 2020 als WYCJ zusammengeschlossen. Die Generalversammlung der Vereinten Nationen reagierte am 29. März 2023 auf den Antrag der jungen Menschen und der Regierung von Vanuatu. Sie verabschiedete im Konsens eine Resolution, in der der IGH um ein Gutachten ersucht wird. Diese überwältigende Unterstützung belegt die Bedeutung von Jugendinitiativen für Klimagerechtigkeit und deren Auswirkungen auf der ganzen Welt. WY4CJ will Staaten innerhalb und außerhalb ihrer Grenzen davon überzeugen, die Rechte heutiger und zukünftiger Generationen vor den negativen Auswirkungen des Klimawandels zu schützen.

Projektbeteiligte: Samira Ben Ali, Yasmin Bijvank und Jule Schnakenberg

SUNEIL SANZGIRI

Suneil Sanzgiri, geboren in Dallas, Texas, arbeitet als Künstler, Wissenschaftler und Filmemacher in Brooklyn, New York. Sein Werk umfasst experimentelle Video- und Filmarbeiten, Animationen, Essays und Installationen. Er beschäftigt sich mit Fragen von Identität, Erbe, Kultur und Diaspora im Kontext struktureller Gewalt.

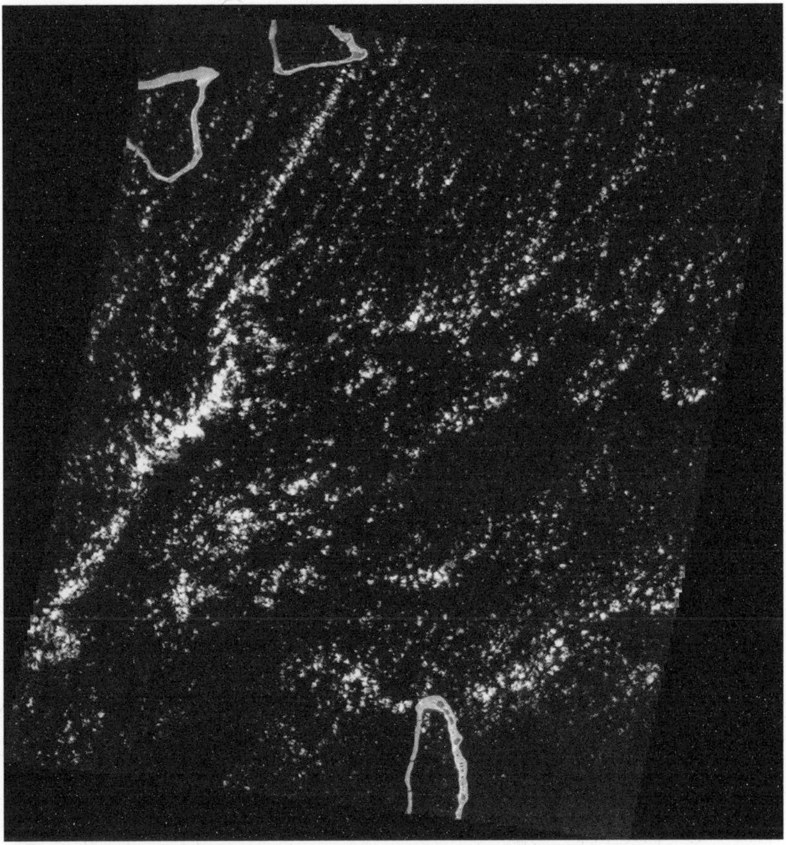

Die Marshallinseln sind ein kleiner Teil der vielen Atolle im Südpazifik, die durch den Anstieg des Meeresspiegels und andere Folgen des Klimawandels gefährdet sind, wie auf einem RapidEye-Satellitenbild (© 2016, Planet Labs PBC) zu sehen ist.

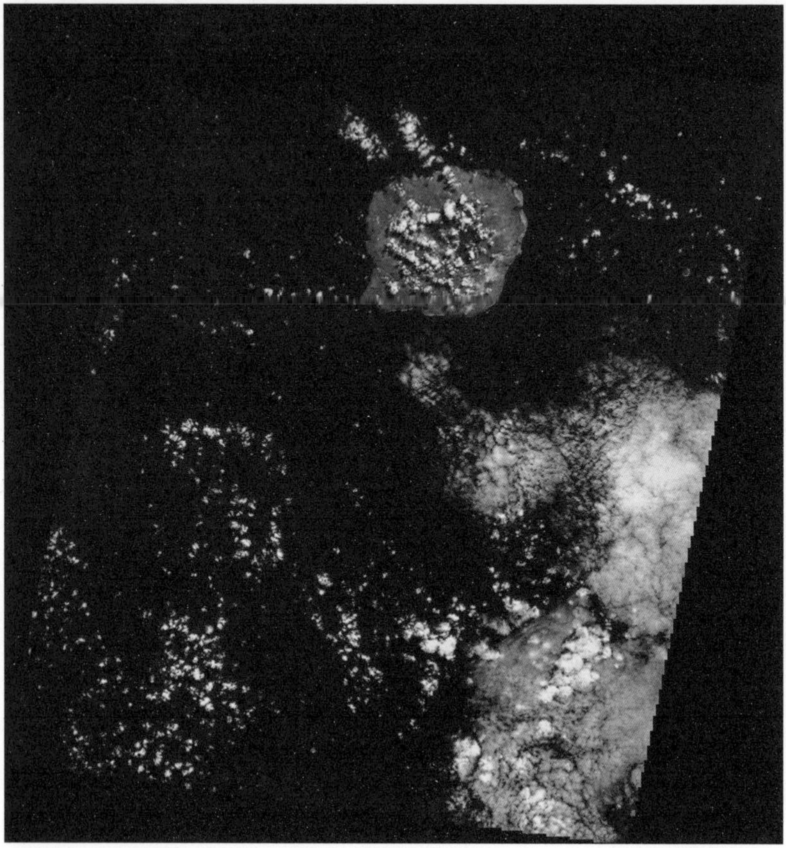

Vanuatu gehört zu den Ländern, die am stärksten von klimabedingten Naturkatastrophen bedroht sind, wie auf einem RapidEye-Satellitenbild (© 2016, Planet Labs PBC)zu sehen ist.

Die Klimakrise trifft in erster Linie diejenigen, die am wenigsten zum Klimawandel beigetragen haben, wie indigene Völker, Bewohner*innen kleiner Inselstaaten und Gemeinschaften aus dem globalen Süden. Die zerstörerischen transnationalen Kräfte der Klimakrise werden in vielen Regionen durch ungebremste Emissionen fossiler Brennstoffe, militärische Aufrüstung sowie das Erbe und die anhaltenden Auswirkungen kolonialer Expansion verschärft.

Während Klimawissenschaftler*innen, Jurist*innen und Staatsoberhäupter über das Ausmaß der Klimakrise und Möglichkeiten zu ihrer Eindämmung debattieren, haben sich Koalitionen junger Menschen zusammengetan, um auf eigene Faust zu handeln und ihre Heimat vor dem Untergang zu bewahren. Insbesondere Pacific Island Students Fighting Climate Change und World's Youth for Climate Justice betonen, dass das Anrecht auf eine lebenswerte Gegenwart und Zukunft bedroht ist, und fordern, dieses Recht durch internationales Recht zu schützen. Für die Studierenden, die bereits die akuten Auswirkungen des Klimawandels zu spüren bekommen, ist an der Zeit, aktiv zu werden. Im März 2023 wurde in Zusammenarbeit mit der Regierung von Vanuatu eine historische Resolution verabschiedet, die den Internationalen Gerichtshof (IGH) – den „Weltgerichtshof" – dazu auffordert, Auflagen für die größten Klimasünder*innen festzulegen, die sich aus deren fehlender Beteiligung am Klimaschutz ergeben. In Folge dieser Jugendbewegung wurden erste Anträge an das Gericht übermittelt, sodass die Anhörungen in Den Haag voraussichtlich im Dezember 2024 stattfinden werden.[1] Während das Verfahren am IGH anhängig ist, dokumentieren die Aktivist*innen weiterhin die Schäden, erheben ihre Stimmen, protestieren, recherchieren Klimaanpassungspläne und gehen weltweit vor Gericht.

In den vergangenen zehn Jahren sind die Bemühungen zur Behebung von Klimaschäden häufig in einer Sackgasse zwischen den Gesetzmäßigkeiten der Wissenschaft und der Rechtsprechung gelandet. Zahlreiche Fragen stehen dazu im Raum: Wie messen wir den Schaden für künftige Generationen? Welcher Konsens besteht innerhalb der wissenschaftlichen Gemeinschaft in Bezug auf die unmittelbare Gefahr? Wo ist die Grenze zwischen Wetter und Klima zu ziehen? Wie kann heute ein gesetzlicher Schadensausgleich für die Schäden von morgen geleistet werden? Und wie bestimmen wir, wer die Klimaschäden verursacht, die oft Tausende von Kilometern entfernt zu spüren sind? Da in den Rechtssystemen nur wenige Präzedenzfälle und strukturelle Vorgaben existieren, warten die unmittelbar Betroffenen darauf, dass Recht und Wissenschaft mit ihrer Lebensrealität gleichziehen. Und während sie warten, schwindet ihre Heimat. Als Teil dieser aktivistisch-getragenen Bemühungen wird im Herbst 2024 im Architekturmuseum der TUM erstmals eine für die Schau konzipierte Filminstallation präsentiert, welche die gelebten Erfahrungen der Gemeinschaften der Inselstaaten des Südpazifiks zeigt, die an vorderster Front der Klimakrise leben. Der Kurzfilm, der in enger Zusammenarbeit mit dem Künstler und experimentellen Filmemacher Suneil Sanzgiri entstanden ist, verwebt ein breites Spektrum visuellen Materials: von Archivaufnahmen der pazifischen Inseln über 3D-Renderings und Fernerkundungsdaten bis hin zu Aussagen von Aktivist*innen und mehr. Ziel des Films ist es, die kolonialen Machtverhältnisse offenzulegen, welche den IGH in Vergangenheit und Gegenwart prägen. Zudem wird der Überlebenskampf indigener Völker auf den pazifischen Inseln aufgezeigt. Der Film, den Sie in voller Länge sehen können, wenn Sie den QR-Code auf Seite 65 scannen, zeigt das Meer von Inseln und ihre Bewohner*innen, die um das Überleben ihrer Heimat kämpfen.

In diesem Kontext sei auf die Worte des bekannten Schriftsteller Epeli Hau'ofa verwiesen, der feststellte: „Es besteht ein Riesenunterschied zwischen der Betrachtung des Pazifiks als ‚Inseln in einem weiten Meer' und als ‚ein Meer von Inseln'. Ersteres betont trockene Oberflächen in einem riesigen Ozean, weit entfernt von den Zentren der Macht. Diese Sichtweise unterstreicht die Winzigkeit und Abgeschiedenheit der Inseln. Die zweite ist eine eher ganzheitliche Betrachtung, in der die Dinge in der Gesamtheit ihrer Beziehungen zueinander gesehen werden." [2]

1 Anmerkung der Herausgeber*innen: Dies ist der aktuelle Wissensstand zum Zeitpunkt der Erstellung dieses Textes (August 2024). Über den QR-Code können Sie zu einem späteren Zeitpunkt aktuelle Informationen über das Ergebnis der Anhörungen abrufen. Zum jetzigen Zeitpunkt wissen wir noch nicht, wann das sein wird, weshalb wir darum bitten, den Code von Zeit zu Zeit für Updates zu scannen.

2 Epeli Hau'ofa, „Our Sea of Islands", in: *The Contemporary Pacific,* 6, 1, Frühjahr, 1994, S. 148–161, www.jstor.org/stable/23701593.

Epeli Hau'ofa (1939–2009) wurde in Papua-Neuguinea geboren und in Papua-Neuguinea, Tonga, Fidschi, Australien und Kanada ausgebildet. Er arbeitete am Hauptcampus der University of the South Pacific in Suva, Fidschi, wo er 1997 das Ozeanien-Zentrum für Kunst und Kultur gründete und in der Folge leitete.

Suneil Sanzgiris Kurzfilm kombiniert visuelle Beweismaterialien, wie Archivaufnahmen, Satellitenbilder und Stellungnahmen von Aktivist*innen, um ein überzeugendes Bild der gelebten Realität im Südpazifik zu zeichnen.

Über den QR-Code können zusätzliches Material und der Film in voller Länge aufgerufen werden.

Kritisches Denken fördern

Laura Kurgan LK im Gespräch mit Andres Lepik AL

LAURA KURGAN

Laura Kurgan lehrt räumliches Informationsdesign, Datenvisualisierung und kritische Kartografie an der Columbia University's Graduate School of Architecture, Planning and Preservation (GSAPP), wo sie Professorin für Architektur ist und den Masterstudiengang Computational Design Practices leitet. Im Jahr 2004 gründete sie das Spatial Information Design Lab an der GSAPP, das 2015 vom Center for Spatial Research abgelöst wurde. In ihrer Forschung und kreativen Arbeit legt sie den Schwerpunkt auf die praktische, kritische Auseinandersetzung mit räumlichen Technologien in Bereichen, in denen Konflikte und Ungerechtigkeit herrschen. Sie hat das Buch *Close Up at a Distance. Mapping, Technology, and Politics* (2013) geschrieben und ist Mitherausgeberin von *Ways of Knowing Cities* (2019).

ANDRES LEPIK, SIEHE SEITE 13

ANDRES LEPIK Satelliten zeichnen seit mehr als einem halben Jahrhundert Veränderungen auf der Erde auf, und der Umfang der Daten, die am Boden verarbeitet werden, wächst stetig. Die Fähigkeit, Veränderungen aus der Ferne zu beobachten, ist ein Erfolg – jedoch sollte sie nicht unvoreingenommen als Rettung gefeiert werden. Welche Chancen bietet Geofernerkundungstechnologie für das Feld der Visual Investigations und welcher Einschränkungen sollten wir uns bewusst sein?

LAURA KURGAN Ich würde meine Antwort auf diese Frage gerne damit beginnen, dass ich definiere, was ich unter dem Terminus Visual Investigation verstehe. Für mich beschreibt er einen kürzlich erfolgten Wandel innerhalb des Journalismus hin zu investigativem Geschichtenerzählen und dem Recherchieren mithilfe von visueller Auseinandersetzung mit Daten. Im Allgemeineren beschreibt es außerdem die Entwicklung eines Bereichs, der während der letzten fünfzehn Jahre zunehmend an Bedeutung gewonnen hat und der von Forschungsagenturen wie Forensic Architecture und auch von den Künstler*innen in Ihrer Ausstellung vorangetrieben wurde (und wird). Die *New York Times* verfügt beispielsweise erst seit 2017 über eine Abteilung für Visual Investigations, veröffentlichte aber bereits 1999 hochaufgelöste Vorher-nachher-Satellitenbilder von Grosny in Tschetschenien. Mit diesen belegte sie, dass ein Großteil der Stadt durch eine Serie russischer Angriffe zerstört worden war.

Satellitenbilder und -technologie wurden aus zweierlei Gründen entwickelt: Die Satelliten mit geringer Auflösung, etwa die Landsat-Missionen, die die Vereinigten Staaten seit 1972 starteten, dienten der Erdbeobachtung. Auch bemannte Raumflüge lieferten umfangreiches Bildmaterial. In meinem 2013 erschienen Buch *Close Up at A Distance* beschäftige ich mich mit dem ersten Blick auf die Erde, den man vom Mond aus hatte, und was es bedeutete, die Erde vom Weltraum aus sehen zu können. Diese Bilder waren nicht nur für die Forschung enorm wichtig, sondern auch, weil sie ein allgemeines Bewusstsein für das „Raumschiff Erde“ schufen. Der Blick auf die Erde hinterließ den Eindruck einer Utopie. Es war das Bild einer Welt jenseits von Politik, jenseits aller Grenzen – die Erde als grenzenlose Kugel, die alle

Menschen in einer Art wunderschöner Gemeinschaft eint. Mittlerweile kann jede*r auf der Welt Landsat-Bilder downloaden. Das ist der eine Aspekt.

Andererseits gab es zeitgleich Satelliten mit hochauflösender Bildgebung, die der Geheimhaltung unterlagen und der militärischen Aufklärung und Spionage dienten. Diese schauten aus dem Weltraum auf die Erde, weil man sehen wollte, was andere Regierungen taten, um anschließend diese Informationen für militärische, wirtschaftliche und politische Zwecke nutzen zu können.

Bei meiner Arbeit habe ich sowohl die Verwendungszwecke von Satellitenbildern in hoher als auch in niedriger Auflösung verfolgt. Was militärische Aufklärungsbilder angeht, so konzentrierte ich mich auf den unbeabsichtigten Nutzen der Überwachung – auf deren Kehrseite sozusagen: das Speichern. Satellitenbilder sind Momentaufnahmen. Heute werden Satellitenbilder von Zivilist*innen, Unternehmen und Regierungen für alle möglichen Zwecke verwendet, doch es gibt Grenzen, was den Besitz der Technologie angeht. Wer die Technologie besitzt, kontrolliert sie in der Regel auch. Zum Beispiel besitzen im Moment Privatunternehmen zwar hochauflösende kommerzielle Satelliten, das US-Militär hat dennoch die Möglichkeit, von der sogenannten „Shutter control“ Gebrauch zu machen. Es konnte 2002 beispielsweise vorübergehend den Verkauf von hochaufgelösten Satellitenbildern des Iraks verbieten. Man begründete das damals damit, dass man einen Einblick in Operationen des US-Militärs vermeiden wollte. Ähnliches passierte auch mir, als ich Mitte der 2000er-Jahre Satellitenbilder kaufen wollte. Und dann gibt es natürlich auch noch technische Grenzen und Einschränkungen wie Pixelauflösung, mit denen ich mich in meiner frühen Arbeit auseinandersetzte, als erst nach und nach die Auflösung des verfügbaren Bildmaterials stieg.

AL Sie leiten seit 2015 das Center for Spatial Research an der Columbia University's Graduate School for Architecture, Planning and Preservation und arbeiten seit mehr als dreißig Jahren an der Kontextualisierung von Geodaten. Die Technologien, mit denen

Ermittler*innenteams im Zuge von Visual Investigations arbeiten, verbessern sich stetig. Wie unterscheidet sich die heutige Arbeit mit aus der Ferne erfassten Daten von der Arbeit damals?

LK Als ich mit meinen Forschungen begann, arbeitete ich zunächst mit dem Global Positioning System (GPS).[1] Die Genauigkeit des Signals blieb damals für Zivilist*innen eher unscharf und es war einiges cleveres Hacken nötig, um die Verschlüsselung umgehen zu können. GPS-Nerds bauten lokale „Basisstationen" an bekannten Orten auf. So konnte man die abweichenden Messwerte des GPS-Empfängers – der damals übrigens so groß wie ein Koffer war – korrigieren. Während meiner Ausstellung *You Are Here* 1995 im MACBA[2] gab es zum Beispiel schon eine Basisstation in Barcelona, die ich nutzen konnte, um genauere Informationen von meinem GPS-Empfänger zu erhalten, indem ich selbst genau nachmaß und die Fehler in den Messwerten korrigierte.

Was die Satellitenbilder angeht, so befanden sich viele der Bilder zu Beginn meiner Arbeit noch unter Verschluss – besonders alle Bilder mit einer hohen Auflösung von einem Meter und darunter. Mein erstes Buch beschäftigte sich zum Großteil mit den Fragen, wie und wann diese Daten zugänglich wurden. Als 1999 Bilder der Schauplätze von Kriegsverbrechen im Kosovo einer weltweiten Öffentlichkeit zugänglich gemacht wurden, handelte es sich dabei lediglich um Bilder, nicht um Daten. Die ausgehändigten Fotos waren Bilder von Massengräbern, die die Situation veranschaulichen sollten, sie enthielten keine Angaben zu Längen- oder Breitengrad und keine Zeitstempel. → ABB. 1 Ich versuchte alles Mögliche, um die Daten der öffentlich zugänglichen Bilder wiederherzustellen. Zuerst verglich ich die Satellitenbilder mit anderen veröffentlichten Bildern (vor allem von Drohnen), dann überprüfte ich, ob die Merkmale auf den Bildern mit denen auf Karten übereinstimmten, und schließlich kaufte ich meine eigenen Satellitenbilder des Gebiets in einer wesentlich niedrigeren Auflösung als die Bilder, die das US-Militär veröffentlicht hatte. → ABB. 2 Aufbauend auf meinen Untersuchungsergebnissen fügte ich (dank Photoshop) dem Bild mit der höchsten Auflösung, das ich finden konnte, Tausende kleiner Pixel hinzu. Indem ich meine so geschaffene Form über

Abbildung 1. „Fotografie zur Beurteilung von Grabschändungen in der Nähe von Izbica im Kosovo, das von Ken Bacon, dem stellvertretenden Verteidigungsminister für öffentliche Angelegenheiten, während einer Pressekonferenz zur NATO-Operation Allied Force im Pentagon am 9. Juni 1999 verwendet wurde." Bildunterschrift und Foto: US-Verteidigungsministerium

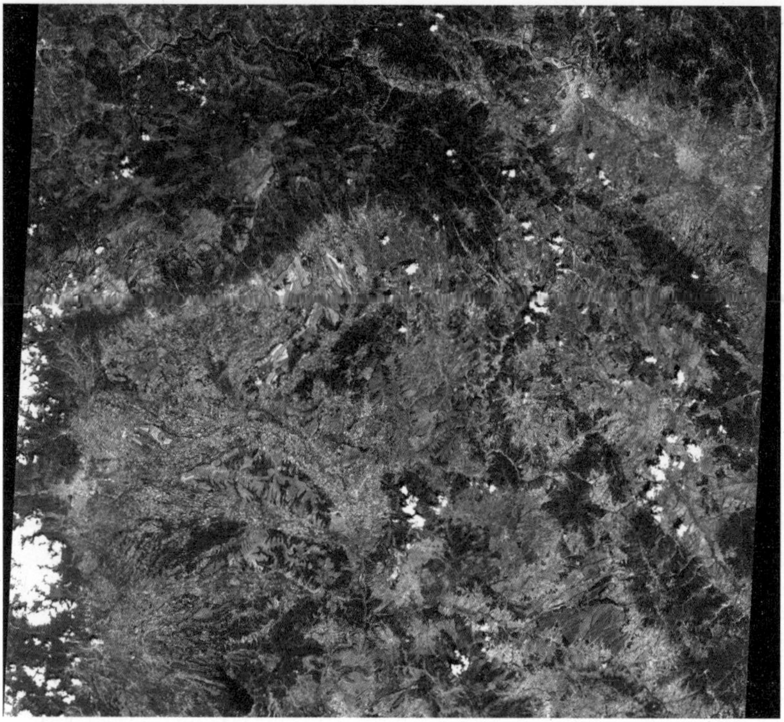

Abbildung 2.
Kosovo: sat•k-j id•Datum•Uhrzeit•Kamera•Sensor
SPOT Aufnahme: 4•082-264•99/06/06/•09:32:30•1•m
Bewölkung: 0–10%
Umfang: 38.834.152 Pixel
Oben links: 43°01'13" n, 20°21'17" o
Unten rechts: 42°23'34" n, 20°55'22" o
Erfassungsbereich: 64,81 × 59,92 Kilometer
Auflösung: 1 Pixel = 10 Meter
Enthält Material © 1999 spot image, alle Rechte vorbehalten

die des NATO-Bildes legte, konnte ich feststellen, dass es sich um das gleiche Bild handelte. Und damit konnte ich den Standort der Gräber genau lokalisieren. → ABB. 3–6 20 Jahre später reiste ich zu der Gedenkstätte und las die Namen der dort begrabenen Menschen – es war ein sehr ernüchternder Moment.

Heutzutage müssen Ermittler*innen keinen solchen Prozess durchlaufen, da man auf Bilder mit einer Auflösung von einem halben Meter oder sogar weniger – von 42 Zentimetern pro Pixel – zugreifen kann. In den letzten dreißig Jahren wurden Satellitenbilder und alle möglichen Satellitentechnologien freigegeben und sind nun Zivilist*innen zugänglich. Diese Veränderung ermöglicht es Bürger*innen, ihre Regierungen zu überprüfen und umgekehrt – falls man das nötige Geld hat, um die Bilder zu kaufen, die Kosten sind nämlich nicht gering, und falls man die grundlegenden Fähigkeiten der Bildbearbeitung mitbringt.

AL Heißt das also, man muss Satellitenbilder kaufen, um auf sie zugreifen zu können?

LK In den meisten Fällen ja! Es verblüfft mich immer wieder, dass die Leute auch noch zehn Jahre nach der Veröffentlichung meines Buchs und nach all der Arbeit, die andere zu diesem Thema geleistet haben, nicht verstehen, dass es nicht Google Earth ist, das die Satellitenbilder liefert. Google kauft Satellitenbilder von Privatunternehmen. Wenn Sie in den Vereinigten Staaten die *Washington Post* oder irgendeine andere Zeitung aufschlagen und dort ein hochaufgelöstes Satellitenbild sehen, stammt es höchstwahrscheinlich von Maxar. Maxar ist ein US-Unternehmen, das dieser Tage beinahe alle Rechte an Satellitenbildern besitzt. Sie können Google Earth benutzen, um sich die Situation zu vergegenwärtigen, wenn Sie aber mit den eigentlichen Daten arbeiten wollen, müssen Sie sie kaufen. Dafür gehen Sie auf Maxars Webseite und geben Breiten- und Längengrad des Standortes ein, den Sie untersuchen wollen. Damit erteilen Sie dem Satelliten einen direkten Auftrag. Höchstwahrscheinlich werden Sie außerdem angeben, dass Sie ein zu 100 Prozent wolkenfreies Bild erhalten möchten – und dann warten Sie.

Der Satellit kreist immer wieder um die Erde und nimmt bei jedem Umlauf Ihr gewünschtes Bild auf. Und wenn das Bild endlich wolkenfrei ist, kaufen Sie es und können es downloaden. Und wenn Sie das tun, wird das Bild in einem Archiv gespeichert, wo dann jede*r das Bild kaufen kann, das Sie in Auftrag gegeben haben. Das Unternehmen macht die Identität des*r Auftraggeber*in jedoch nicht öffentlich, man weiß also nie, wer zuerst nachgeschaut hat: Laura Kurgan, die US-Regierung, der Föderale Dienst für Sicherheit der Russischen Föderation (FSB) oder sonst jemand.

AL In Ihrem 2013 veröffentlichten Buch *Close Up at A Distance,* das Sie vorhin erwähnt haben, schreiben Sie, dass „Karten nie neutral sind", da sie immer mit einer Absicht angefertigt werden oder zumindest immer aus einer bestimmten Perspektive heraus. Welche Rolle spielt Architektur bei der Kontextualisierung von Geodaten?

LK Das ist eine schwierige Frage. Ich muss sie vielleicht ein wenig umgehen, da ich denke, dass Geodaten bereits Architektur enthalten. Architektur meint hier ausschließlich Gebäude, richtig? Wir können uns jedoch bestimmt (sowohl im Bereich der Lehre als auch des Kuratierens) auf Folgendes einigen: Heute wird Architektur wesentlich breiter definiert, sei es nun, weil wir das Anthropozän infrage stellen, oder weil wir uns nicht so ganz sicher sind, wo die Grenze zwischen digitalem und physischem Raum gezogen werden soll, oder aus anderen Gründen – da kann es viele geben. Die Umgebungen, die Architektur möglich machen, werden von so vielen anderen Dingen bestimmt, zum Beispiel von Infrastruktur oder der Zusammensetzung des Bodens oder Mikroben oder Tieren oder allem anderen, was ein Satellit – oder auch jeder andere Sensor – wahrnehmen kann. Sie bilden eine andere Art von Intelligenz. Ich weiß nicht, ob Architektur oder Gebäude bei der Kontextualisierung von Geodaten wirklich eine Rolle spielen. Ich würde die Sache umdrehen: Geodaten setzen verschiedene Formen von Architektur zueinander in Beziehung. Heutzutage sind das Physische und das Virtuelle so eng miteinander verwoben und vermischt. Ich weiß nicht, wie man das unterscheiden soll.

Abbildung 3.
Deutsche Drohnenaufnahme cl 289 von mutmaßlichen Gräbern in Izbica, Kosovo, Mai 1999. Ursprünglich veröffentlicht auf einer Bundeswehr-Webseite mit „Drohnen-Bildern", reproduziert in John Pikes Archiv der Federation of American Scientists, „Kosovo Operation Allied Force Imagery", jetzt bei GlobalSecurity.org

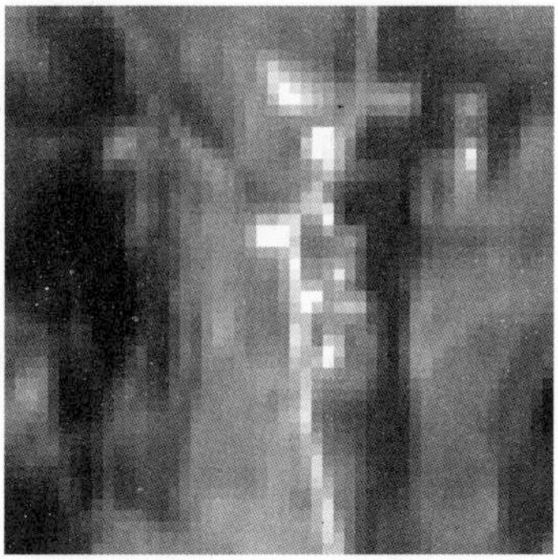

Abbildung 4.
Kosovo: sat•k-j
id•Datum•Uhrzeit•Kamera•Sensor
SPOT Aufnahme: 4•082-264•99/06/06/•09:32:30•1•m
Umfang: 2.500 Pixel
Oben links: 42°43'47.81" n, 20°38'11.62" o
Unten rechts: 42°42'9.47" n, 20°41'7.87" o
Erfassungsbereich: 500 × 500 Meter
Auflösung: 1 Pixel = 10 Meter
Izbica, Kosovo, 6. Juni 1999

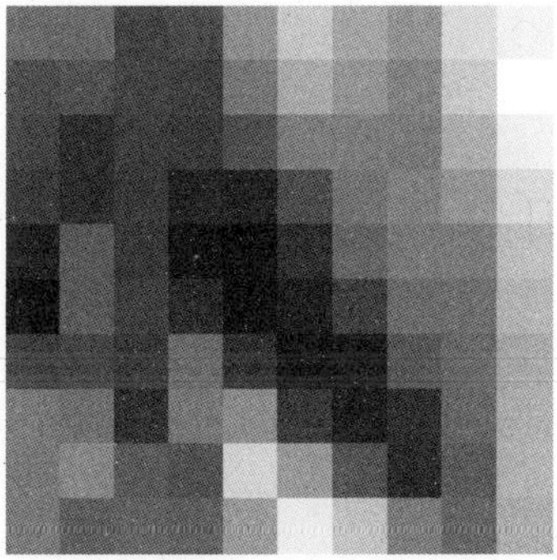

Abbildung 5.
Kosovo: sat•k-j
id•Datum•Uhrzeit•Kamera•Sensor
SPOT Aufnahme: 4•082-264•99/06/06/•09:32:30•1•m
Umfang: 100 Pixel
Oben links: 42°43'45.76" n, 20°39'37.96" o
Unten rechts: 42°43'41.98" n, 20°39'41.48" o
Erfassungsbereich: 100 × 100 Meter
Auflösung: 1 Pixel = 10 Meter
Grabstätte, Izbica, Kosovo, 6. Juni 1999

Abbildung 6.
Kosovo: sat•k-j
id•Datum•Uhrzeit•Kamera•Sensor
SPOT Aufnahme: 4•082-264•99/06/06/•09:32:30•1•m
Umfang: 10.562.500 Pixel, erweitert von 100 Pixel
Oben links: 42°43'45.76" n, 20°39'37.96" o
Unten rechts: 42°43'41.98"n, 20°39'41.48" o
Erfassungsbereich: 100 × 100 Meter
Auflösung: erweitert auf 1 Pixel = 3 Zentimeter
Grabstätte, Izbica, Kosovo, 6. Juni 1999

AL Was eine sehr weitgefasste Definition von Architektur angeht, sind wir uns auf jeden Fall einig! Aber lassen Sie mich die Frage noch einmal umformulieren: Welche Rolle spielen Architekt*innen, wenn man sie nicht länger als Planer*innen von Gebäuden ansieht, sondern auch als Erforscher*innen von Raum?

LK Architekt*innen sind Spezialist*innen für geschaffene Umgebungen. Und aus diesem Grund ist das, was wir an der Universität lernen, für Visual Investigations so nützlich. Meine Student*innen werden von Visual-Investigation-Teams eingestellt, weil sie über alle möglichen Arten von Raum nachdenken und diese in einer Vielzahl von Formen und Formaten visualisieren können. Blickt man auf den Ausbildungsprozess von Journalist*innen, dann werden diesen viele verschiedene Dinge beigebracht. Sie lernen, dass sie einen Beat brauchen, ein bestimmtes Fachgebiet (Umweltjournalismus, Justizberichterstattung usw.), und davon ausgehend wird ihnen beigebracht, wie sie sich einen bestimmten Zustand vor Ort anschauen können. Architekt*innen werden diese Dinge ebenfalls beigebracht, aber ihnen wird außerdem eine Reihe sehr spezifischer visueller und analytischer Werkzeuge und Denkgewohnheiten an die Hand gegeben – abgesehen davon, dass man als Mensch mit einer visuellen Sensibilität ausgestattet ist und mit anderen kommunizieren kann, indem man Fragen stellt. Sie sind zum Beispiel in der Lage, die gebaute Umgebung zu modellieren und dann über dieses Modell bestimmte Ereignisse verschiedener Dauer zu interpretieren. Deswegen sind Karten nicht neutral. Zeichnungen sind ebenfalls nicht neutral. All diese Dinge beinhalten eine investigative Perspektive.

AL Heute werden Satellitenbilder oft in der medialen Berichterstattung zu aktuellen Konflikten gezeigt, um Menschenrechtsverstöße sichtbar zu machen. Viele Nachrichtensender nutzen Satellitendaten, um Video- und Bildmaterial, das in den sozialen Medien kursiert, zu verifizieren und zu klassifizieren. Wie nehmen sie diesen „Trend“ wahr?

LK Human Rights Watch, Amnesty International und verschiedene UN-Organisationen gehörten zu den Ersten, die Satellitenbilder in ihren Ermittlungen verwendeten, besonders in ihrer Arbeit zu Kriegsverbrechen in den frühen 2000er-Jahren. Deswegen assoziieren viele Menschen die Arbeit mit Satellitenmaterial und öffentlich zugänglichen Quellen mit Menschenrechten. Doch es gibt noch viele weitere Arten von Ermittlungen, die sich dieser Technologien bedienen. Die Arbeit von Forensic Architecture und den Künstler*innen, die zu Ihrer Ausstellung beitragen, zeigen, dass das sehr erfolgreich sein kann. Keine gestandene, große Medienorganisation kommt dieser Tage ohne ein eigenes Visual-Investigations-Team oder zumindest ohne Zugang zu einem solchen aus. Gruppen wie Bellingcat haben gezeigt, dass Ermittlungen nicht nur von Expert*innen durchgeführt werden können. Das ist dank der flächendeckenden Verfügbarkeit von Bildern in sozialen Medien und der Fähigkeiten und Tools ziviler Ermittler*innen möglich, die diese schnell an andere weitergeben können. Doch diese „Demokratisierung" birgt auch Risiken – Regierungen können das ebenfalls tun, genauso wie diejenigen, die gegen Menschenrechte verstoßen, und dann kommen noch diejenigen dazu, die im politischen Gefüge einfach nur laut sein, Verwirrung säen und endlosen Skeptizismus hervorrufen wollen.

AL Worauf hatten Ihre Forschungen bisher Ihrer Meinung nach den größten Einfluss?

LK Mit solchen Fragen tue ich mich immer sehr schwer. Vielleicht bestand mein größter Einfluss darin, dass ich diese Technologien über einen derart langen Zeitraum hinweg verfolgt und dabei immer auch auf deren Grenzen und Nutzen geachtet habe. Ich versuche Trends zu beobachten und nach den Gefahren und Potenzialen in der Technologie Ausschau zu halten. Ich bin keine, die sagt: „KI ist böse – Sie sollten sie auf gar keinen Fall verwenden." Wir müssen herausfinden, wie wir die Technologie von den Unternehmen zurückbekommen können, die versuchen, sie in eine bestimmte Richtung zu lenken, und ihr stattdessen eine neue Richtung geben. Im Zuge meiner Arbeit finde ich immer unbeabsichtigte Anwendungsmöglichkeiten für Technologie und ich übe Kritik, ohne vor etwas zurückzuschrecken. Die Arbeit an einer Universität, die Tatsache, dass ich über meine eigenen Labore und Zentren verfüge, schenkt mir die Freiheit, mir meine

Forschungsschwerpunkte selbst auszuwählen, da ich Akademikerin bin. In diesem Zusammenhang kann ich Themen angehen, die ich in Bezug auf Technologien zur Erfassung und Verarbeitung räumlicher Informationen als wichtig erachte. Und in meiner Rolle als Lehrende wie auch in meiner Arbeit allgemein gebe ich diese kritische Sicht auf Technologie weiter. Ich sehe in dem, was ich lehre, nicht nur eine „Gegen-Kartografie" oder „Kritische Kartografie", sondern eine Art kritische Lesekompetenz auf visueller und datenspezifischer Ebene. Beantwortet das Ihre Frage?

AL In der Tat und es ist eine großartige Antwort. Ich habe das Gefühl, dass Sie mit Ihrer Aufklärungsarbeit die nächste Generation erreichen und beeinflussen. Wo befindet sich die Disziplin Ihrer Meinung nach im Moment und in welche Richtung entwickelt sie sich?

LK Bei Technologie gibt es nicht länger ein Innen und Außen. Als ich vor dreißig Jahren mit meiner Arbeit begann, wurde das World Wide Web eingeführt. Plötzlich gab es den Cyberspace, den man betreten und in den man sich „flüchten" konnte. Dieser Space versprach, dass man sich von den Fesseln dieser Welt befreien konnte – wobei das noch nie so ganz gestimmt hat. Mittlerweile gibt es kein Innen und Außen mehr. Man lässt sich von seinem Smartphone, Google Maps und all den anderen Dingen leiten, die zu alltäglichen Hilfsmitteln geworden sind.

AL Das bringt mich zu meiner letzten Frage. Wer wird Ihrer Meinung nach in Zukunft all diese Informationen kontrollieren? Wir sehen, wie überall auf der Welt zensiert wird. Die utopische Vorstellung von „free Wi-Fi" oder einem „freiem Zugang" zu allen Informationen wurde nie Wirklichkeit. Und wir sehen, wie eine Vielzahl an Ländern den Zugang reguliert und einschränkt. Was denken Sie, wohin sich das entwickelt? Und wer wird in Zukunft diese Technologie kontrollieren?

LK Sie stellen zwei verschiedene Fragen. Ich beginne damit, wer die Kontrolle hat: die Regierungen und Konzerne, die das Internet an- und ausschalten können. Hier geht es – für mich – um Demokratie. Wir müssen um Kontrolle kämpfen. Wir müssen für das

Internet als globales öffentliches Hilfsmittel kämpfen. Einer der Gründe, weshalb wir an den Punkt gekommen sind, an dem die Demokratie heute derart gefährdet ist, besteht in der Art, wie die Infrastruktur des Internets aufgebaut ist. Milliardenschwere Unternehmen, die einen kostenlosen Zugang zum Internet gewähren, erlauben es jedem*r, die*der genug Geld hat, alle möglichen Dinge über uns zu tracken. Damit können sie unser Verhalten größtenteils vorhersagen, sei es nun auf wirtschaftlicher, politischer oder sozialer Ebene.

Wir müssen gemeinsam kämpfen und uns das Internet als Teil der öffentlichen Infrastruktur und öffentliches Gut zurückholen. Ich würde es nie mit Sauerstoff gleichsetzen, wie manche Menschen das tun, oder mit Öl, was in der kapitalistischen Welt dessen Gegenstück darstellt. Aber als Kommunikationsmittel ist es wie Elektrizität und Telefone etwas, für das wir wirklich kämpfen müssen, damit wir es auf andere Weise neugestalten können. An vielen Orten der Erde versuchen Menschen große Kommunikationsplattformen wie X (bis 2023 Twitter) und Facebook neu zu denken und Alternativen aufzubauen. Damit könnte man noch so viel mehr Dinge verbessern!

1 GPS ist ein Dienstprogramm im Besitz der Vereinigten Staaten. Es basiert auf 24 Satelliten und vier Bodenstationen, die sehr genaue Standortdaten übermitteln, auf die mit jedem tragbaren Empfänger zugegriffen werden kann.

2 Die Installation *You Are Here* von Laura Kurgan wurde vom 30. November 1995 bis zum 25. Februar 1996 im Museu d'Art Contemporani de Barcelona (MACBA) ausgestellt. Sie baute auf Forschungen über die Präsenz zeitgenössischer Technologien zur Erfassung von Orts- und Positionsdaten auf und erforschte, wie sich diese auf Architektur anwenden ließen. Laura Kurgan schuf Grafiken und Zeichnungen, die sich speziell auf das MACBA-Gebäude bezogen und rief gleichzeitig zur Reflexion über die fundamentalen Aktivitäten von Architektur auf: zeichnen, darstellen und einen Ort interpretieren.

Ermittlungen zum Netzwerk von Internierungs-lagern in Xinjiang

Alison Killing, Megha Rajagopalan und Christo Buschek für *BuzzFeed News*

2018–2020

ALISON KILLING

Alison Killing ist Architektin und Investigativjournalistin. 2010 gründete sie das Studio Killing Architects, in dem sie ihr architektonisches und städtebauliches Knowhow zur Untersuchung von Fragen der Menschenrechte und der sozialen Gerechtigkeit einsetzt. Für die effektive Vermittlung dieser Geschichten wendet sie innovative Gestaltungsstrategien an. Seit 2023 ist Killing Senior Reporter im Visual-Investigations-Team der *Financial Times.*

MEGHA RAJAGOPALAN

Megha Rajagopalan arbeitet in London als investigative Reporterin für die *New York Times.* Sie berichtet vor allem über Themen wie Menschenrechte, Arbeitsbedingungen und Konflikte. Bevor sie zur *New York Times* kam, arbeitete Rajagopalan für *BuzzFeed News* und als politische Korrespondentin für Reuters in Peking.

CHRISTO BUSCHEK

Christo Buschek ist Informationstechniker, Programmierer und Experte für digitale Sicherheit. Er arbeitet im Bereich datengestützter Ermittlungen für Menschenrechtsorganisationen und investigativen Journalismus und entwickelt maßgeschneiderte Programmierwerkzeuge für Datenjournalist*innen und Menschenrechtsvertreter*innen.

Es wird vermutet, dass seit 2016 über eine Million Muslim*innen in einem geheimen Netz von Internierungslagern und Gefängnissen in Xinjiang, China, inhaftiert wurden. Die staatliche Kampagne Chinas zur Überwachung, Inhaftierung, Misshandlung und religiösen Unterdrückung wurde von vielen Parlamenten wie beispielsweise dem der Niederlande und Großbritanniens sowie von Expert*innen und Menschenrechtsorganisationen als Völkermord bezeichnet.

Am stärksten sind Uigur*innen von dieser Verfolgung betroffen, aber auch gegen Kasach*innen, Usbek*innen, Kirgis*innen, Hui, Mongol*innen, Xibe und andere indigene Völker in der Region richten sich die Repressionen. Die chinesische Regierung behauptet, die Lager seien Teil eines harmlosen Erziehungsprogramms zur Bekämpfung von „Extremismus". In Wirklichkeit aber werden Menschen manchmal jahrelang inhaftiert, weil sie ihre religiöse Überzeugung äußern oder sich in einer Weise verhalten, die von der chinesischen Regierung als illoyal angesehen wurde, wie etwa das Herunterladen von WhatsApp, das Tragen eines Bartes oder ein Studium im Ausland. Viele ehemalige Gefangene berichten, dass sie mitten in der Nacht abgeholt, gefesselt und vermummt wurden und in entsetzliche Gefängnisse an unbekannten Orten verschleppt wurden.

Obwohl nur einige Dutzend der Lager entdeckt worden waren, ging man zu Beginn der Untersuchung im Jahr 2018 davon aus, dass ca. 1200 Lager existieren müssen. Über das Netzwerk oder die Lage der Orte, an die die Vermissten verschleppt wurden, war wenig bekannt. Die Erkenntnisse der Recherchegruppe, bestehend aus einer Architektin, einer Journalistin und einem Softwareentwickler, trugen zur Aufklärung bei. Sie wurden als fünfteilige Serie auf *BuzzFeed News* veröffentlicht und 2023 in Form einer Filminstallation auf der Architekturbiennale in Venedig gezeigt.

In dem Film stellen Alison Killing, Megha Rajagopalan und Christo Buschek ihre Nachforschungen „Built to Last" in acht Kapiteln dar. Sie zeigen ihre Methoden und Schlussfolgerungen auf und schaffen so eine Arbeitsgrundlage, auf der andere wiederum aufbauen können – wie es im Bereich der sogenannten Open Source Intelligence (OSINT) üblich ist.

Eine zensierte Kachel auf Baidu Maps

Das Team konnte markante architektonische Merkmale, die es auf Satellitenbildern gefunden hatte, mit Amateurvideomaterial eines Lagers abgleichen.

Die Recherche beginnt zunächst mit der Kartierung von Zensusdaten auf der Mapping-Plattform von Baidu (dem chinesischen Äquivalent zu Google Maps). Die zensierten Orte sieht sich das Team dann auf Google Earth an, wo das entsprechende Bildmaterial zugänglich und erkennbar ist, um herauszufinden, was sich an den Standorten befindet. Auf diese Weise finden sie 348 Gebäude in Xinjiang, die typische Merkmale von Gefängnissen und Internierungslagern aufweisen, und identifizieren damit – nach Ansicht von Forscher*innen – fast das vollständige Netzwerk an Lagern in der Region. Die vom Team eigens erstellte Benutzer*innenoberfläche zur Analyse der resultierenden Datenbank ermöglicht die systematische Sichtung und Filterung der zensierten Standorte und die Erstellung eines kommentierten Datensatzes der mutmaßlichen Lager-Standorte. Um die Ergebnisse zu verifizieren, spricht das Kollektiv mit ehemalige Häftlingen, die aus der Region fliehen konnten. In den Interviews berichten diese von ihren Erinnerungen an die Lager, skizzieren diese und verorten sie sogar geografisch. Weitere Belege für die Lokalisierung der Lager stammen aus Regierungsdokumenten und Medienberichten.

Im Jahr 2020 veröffentlichte das Team seine Erkenntnisse, die eine interaktive Übersichtskarte enthalten, auf der die identifizierten Lager markiert und in Kategorien eingeteilt sind, wobei die Wahrscheinlichkeit, dass es sich um Lager handelt, angegeben ist (z.B. „Standorte, die durch andere Quellen identifiziert oder bestätigt wurden; Satellitenbilder zeigen Umfassungsmauern und Wachtürme; in der Vergangenheit wahrscheinlich für die Inhaftierung genutzt, jetzt aber geschlossen oder reduzierte Sicherheitsstufe"). Entscheidend für die Verifizierung und Kategorisierung sind Zeug*innenaussagen, aber auch die Eindeutigkeit architektonischer Merkmale der Bauten. Um das Internierungsnetzwerk und das Leben innerhalb der Lager besser zu verstehen, erstellt das Team ein detailliertes digitales 3D-Modell des Internierungskomplexes in Mongolkure. Darüber hinaus beschaffen sie Kopien der chinesischen Bauvorschriften für Gefängnisse. Auf Grundlage dieser Analyse kommt das Team zu dem Schluss, dass das Netz der Internierungslager in Xinjiang mehr als eine Million Menschen aufnehmen kann – genug, um jede*n 25. Einwohner*in Xinjiangs zu internieren.

Das dreiköpfige Ermittlungsteam wurde 2021 mit dem Pulitzer-Preis für internationale Berichterstattung ausgezeichnet.

2023 wurde die zuvor auf *BuzzFeed News* veröffentlichte Recherche erstmals als Filminstallation auf der 18. Internationalen Architekturausstellung der „Biennale di Venezia: The Laboratory of the Future" zusammen mit einem Wandgemälde von Jan Rothuizen und einer Fotoserie von Ekaterina Anchevskaja vorgestellt.

Projektbeteiligte: Alison Killing, Megha Rajagopalan, Christo Buschek, Shumi Bose, Jan Rothuizen, Ekaterina Anchevskaja, Tanja Busking und Anna Moreno

Über den QR-Code können zusätzliches Material und die Fotoserie von Ekaterina Anchevskaya aufgerufen werden.

Die Porträts von Baqytali Nur und Nurlan Kokteubai sind Teil einer Fotoserie ehemaliger Häftlinge der Lager in Xinjiang, China. Die Fotos wurden von Ekaterina Anchevskaya im Januar 2020 in Almaty, Kasachstan, aufgenommen.

Das brutale Bild, Tunnelblick und blindes Vertrauen

Reflexionen über das argumentative Potenzial von Visual Investigations

Bora Erden

BORA ERDEN

Bora Erden ist ein Forschender im Bereich Raumwissenschaften mit Sitz auf der Schildkröteninsel, die heute als Vereinigte Staaten von Amerika bekannt ist. Bei der *New York Times* wendet er in der Grafikredaktion Geodaten-, Berechnungs- und Untersuchungstechniken an. Zuvor war er bei SITU Research tätig und lieferte forensische Beweise für nationale und internationale Organisationen aus den Bereichen Justiz, Anwaltschaft, Journalismus und Aktivismus. Seine Arbeit wurde unter anderem von Amnesty International, Human Rights Watch, dem Internationalen Strafgerichtshof, der Abteilung für Instrumente und Mechanismen der Vereinten Nationen, der Associated Press und dem Equipo Argentino de Antropología Forense in Auftrag gegeben.

In meinem derzeitigen Beruf schreibe ich unter anderem Alt-Texte (Alternativtexte) für Fotos, Videos, Diagramme und Karten, die in Artikeln erscheinen. Meine Aufgabe besteht darin, den Inhalt des Mediums zu beschreiben. Ich schreibe über die offensichtlichen visuellen Eigenschaften, die ins Auge fallen, und die wesentlichen Informationen, die auf visueller Ebene transportiert werden, damit Menschen, deren Sehen beeinträchtigt ist, sich die Beschreibung von einem Screenreader vorlesen lassen können. Allerdings wurde mir rückgemeldet, dass meine Alt-Texte oft zu ausführlich sind, dass sie weniger wichtige Details beschreiben, die den Schauenden nicht sofort auffallen würden. Wenn ich mir aber dieses kostbare Foto ansehe, das jemand mit Bedacht aufgenommen, mit sich herumgetragen, entwickelt und digitalisiert hat, wie könnte ich da nicht erwähnen, dass der Ärmel des*r Erwachsenen das linke Auge des Babys verdeckt, das im Arm gehalten wird? Diese Rückmeldung machte mir erneut klar, dass wir verschiedene Welten sehen, wenn wir ein Bild betrachten. Erfahrene Alt-Texter*innen sind sich dessen bewusst und haben sich damit abgefunden. Ich nicht. Und es kommt mir so vor, als ob unsere immense subjektive Wahrnehmung für die Notwendigkeit von Visual Investigations zentral ist. Die Nachrichten der letzten Zeit verstärken diese Tatsache nur noch zusätzlich.

Der aktuelle israelische Einsatz in Gaza hat sich als ergiebig für Visual Investigations erwiesen. In der Tat erfüllt die Militäroffensive zwei zentrale Voraussetzungen für diese Art der Arbeit: umstrittene Narrative und Quellenmaterial.

Dieser Konflikt ist zutiefst polarisierend, da verschiedene Seiten lange bestehende, widersprüchliche Auffassungen über die Geschichte der Region verfechten und gegensätzliche Narrative hervorbringen. Das ist aber noch nicht alles. Während des Angriffs der Hamas am 7. Oktober 2023, der umgehenden militärischen Reaktion Israels und der monatelangen Angriffe in Gaza kam es zu zahllosen Schusswechseln, Artillerieangriffen und überwiegend israelischen Luftangriffen. Seit Oktober und bis heute haben diese Angriffe beinahe täglich zu einer massiven Anzahl ziviler Opfer geführt. Airwars ist eine gemeinnützige Watchdog-Organisation für Transparenz, die Berichte zu Zivilschäden in von Krieg betroffenen Nationen beobachtet, auswertet, archiviert und zu ihnen ermittelt. Seit dem 7. Oktober verzeichnete Airwars mehr als 5000 Fälle, in denen der Zivilbevölkerung Schäden zugefügt wurden, das entspricht mehr als 15 Vorfällen pro Tag.[1] Jeder dieser Vorfälle lädt zu einer Visual Investigation ein. Viele dieser Ereignisse sind stark umstritten, da sowohl Israel als auch der militärische Flügel der Hamas, die Al-Qassam-Brigade, eigene Medienabteilungen unterhalten. Während der Medienarm der Hamas vor allem leicht geschnittene Videos von Zusammenstößen und erfolgreichen Operationen veröffentlicht, präsentiert das israelische Militär regelmäßig auch annotierte Videos, die die Überlegungen darlegen, die hinter einer Operation stehen, wofür es Grafikdesign-Elemente verwendet, die den Visual Investigations entlehnt sind. Darauf komme ich später noch einmal zurück.

Auch die zweite Voraussetzung für Visual Investigations ist erfüllt: das Quellenmaterial. Im Zusammenhang mit diesen Ereignissen gab es eine Flut audiovisueller Aufnahmen, die aus Fotos, Videos, Livestreams und Snapchats bestanden, in denen Menschen vor Ort intuitiv ihre Umgebung einfingen – Palästinenser*innen, die von einem Tag auf den anderen leben, die mit ihren Handykameras das aufnehmen, was sie um sich herum sehen, und diese Aufnahmen teilen, sobald die Internetverbindung es erlaubt. Entscheidend ist außerdem, dass auch palästinensische Journalist*innen fortwährend ihr Leben riskiert haben, um diese Ereignisse zu dokumentieren. Sie laufen aktiv auf die Schauplätze von Raketenangriffen zu und erreichen sie nicht selten, bevor jegliche Form von medizinischer Hilfe eintrifft.

In den letzten Wochen nahmen die Bilder aus Gaza in meinem Social-Media-Feed jedoch ab. Das liegt zum Teil daran, dass die letzten Monate für Journalist*innen besonders tödlich waren. Das Komitee zum Schutz von Journalist*innen berichtet von 108 Journalist*innen (2 israelischen, 3 libanesischen und 103 palästinensischen). Damit ist dies der tödlichste Zeitraum für Journalist*innen, seit die Organisation 1992 mit ihren Zählungen begann.[2] Doch auch das schwindende internationale Interesse an dem Konflikt und die allmähliche Abstumpfung gegenüber der Gewalt in diesen Bildern tragen dazu bei.

Während ich diesen Essay schreibe, konzentrieren die Visual-Investigation-Teams der westlichen Nachrichtenorganisationen gerade ihre Bemühungen auf den versuchten Mordanschlag auf den ehemaligen Präsidenten Donald J. Trump.

VISUAL INVESTIGATIONS ALS GEGENFORENSIK ODER FOTOJOURNALISMUS

Während Israels Einsatz in Gaza weiter wütet und der Einfluss von Accountability-Journalismus und Menschenrechtsorganisationen auf die Entscheidungen der Militärführung Israels begrenzt scheint, drängt sich die Frage auf, wofür das Feld der Visual Investigations denn gut ist. Was leistet es überhaupt?

Eyal Weizman[3] und Thomas Keenan[4] betrachten das heterogene Set von Praktiken der Wahrheitsfindung – mitunter bezeichnet als Visual Investigations, Forensische Architektur, Visuelle Forensik, digitale Ermittlungen und jede weitere Permutation derselben – als ungewollte Nachkommen staatlicher Forensik. Diese Praktiken zielen darauf ab, den Blick der Gerichte wieder zurück auf den Staat oder Konzerne zu wenden, um so die Mächtigen zur Verantwortung zu ziehen: eine Gegenforensik. Das Feld als Ganzes vertritt die Auffassung, dass gewisse Handlungen, die bisher oft in juristischem Sinne nicht als kriminell galten, dennoch Verbrechen sind, die stattgefunden haben. Technologisch erscheint es fast so, als ob die anarchistischen Internet-Utopien des späten 20. Jahrhunderts wahr geworden sind. Denn die Verbreitung sozialer Medien ermöglichte es Nutzer*innen, ein weltumfassendes Archiv audiovisueller Beweise zu schaffen: ein World Wide Web aus Fotos und Videos, das den Überwachungskapazitäten des Staates Konkurrenz macht und uns die sicheren Beweise liefert, um den forensischen Blick wieder zurück auf den Staat zu richten. Man könnte meinen, dass die neuen digitalen Ermittlungsmethoden gemeinsam mit dieser öffentlichen Asservatenkammer voller Beweise aufkamen. Doch was, wenn die neuen Praktiken nicht durch die Verbreitung von Bildern der bürger*innenorientierten Berichterstattung aufkamen, sondern weil die Bilder versagten – weil das Twitter-Foto uns mit dem, was es zeigt, nicht zum Handeln zwingt?

In seinem Essay „Photographs of Agony" zeigt John Berger, wie Kriegsfotografie, in diesem Fall aus dem Vietnamkrieg, darauf abzielt, Betroffenheit zu wecken.[5] Die Bilder sollten moralische Empörung in dem*r Betrachter*in wecken; Empörung, die zum politischen Handeln motiviert, damit den Auslösern solchen Leids ein Ende gesetzt wird. Doch Berger argumentiert, dass die Fotografien nicht die gewünschte Betroffenheit auslösen. Da sie nicht wissen, wem sie die Schuld geben sollen, beschuldigen Betrachter*innen letztlich erst sich selbst, dann „jeden und niemanden", wodurch sich ihr Schock und ihre Empörung zerstreuen. Von den Fotografien des Amerikanischen Bürgerkrieges, des Ersten Weltkrieges und des Spanischen Bürgerkrieges, über die Bilder aus Vietnam, die in den Abendnachrichten zu sehen waren, bis hin zu den Livestreams des 21. Jahrhunderts, konnte man beobachten, wie das Ziel des Fotojournalismus, Empörung hervorzurufen, entstand, aufblühte und wieder verblasste. Heute scrollen die Nutzer*innen in den sozialen Medien einfach weiter, wenn sie auf Content-Warnungen zu täglichen Bildern aus Kriegsgebieten stoßen. Genau in diesem Kontext sollten die aktuellen visuellen Beweispraktiken verstanden werden.

Ich werde hier beleuchten, was wir über die argumentativen Ziele und Grenzen von Visual Investigations lernen können, wenn wir sie nicht in die Tradition der gerichtlichen Forensik, sondern in die Genealogie des Fotojournalismus einordnen. Dabei gehe ich davon aus, dass Visual Investigations eine Erweiterung der Fotografie darstellen. Das analysierte Bild, der dargestellte Bildkomplex, ist die nächste Evolutionsstufe der Kriegsfotografie. Visual Investigations geben dem Bild seine Schockwirkung zurück und verlängern unsere Aufmerksamkeitsspanne in einer Welt, in der die Fotografie ihre ursprünglichen Versprechen nicht mehr halten kann.

DURCH DEN SPIEGEL

Eine Erklärung für das Aufkommen neuer digitaler Wahrheitspraktiken liegt im Verlust der Schockwirkung gewaltvoller Bilder. Wir sehen die Gewalt nicht wirklich und selbst wenn wir sie sehen, fehlt uns die Einigkeit darüber, was wir sehen. Also bricht visuelle Forensik die Informationen für uns herunter. Sie zeichnet die Gewalt auf das Bild, ähnlich wie perspektivische Hilfslinien auf Konzeptpapier. Wo unser Verstand an einer niedergerissenen Mauer, einem abgebrannten Feld oder einem zerrissenen Körper scheitert, schlüsselt die visuelle Forensik das physische Phänomen auf, das zu diesem Ergebnis geführt hat. Sie wandelt ein unbegreifliches, gewaltvolles Bild in das offensichtliche Resultat altbekannter Handlungen um, die von wohlbekannten Akteur*innen ausgeführt wurden. Sie zeigt uns das Wie.

Um dies zu erreichen, tauchen wir Praktizierenden tief in spezifisches Fachwissen über Waffen, Geografie, Anatomie und die Funktionen audiovisueller Aufnahmegeräte ein. Wir sagen: „Ignorieren Sie dieses Artefakt. Es ist eine Folge des spezifischen Dokumentationsprozesses. Konzentrieren Sie sich stattdessen auf dieses spezielle Merkmal." Wir nutzen Übergenauigkeit als Werkzeug, um die Diskussion zu lenken: „Dies ist die Frage, mit der wir uns auseinandersetzen müssen." Zum Beispiel rekonstruierte die *Washington Post* den Beschuss von Zivilist*innen durch israelische Sicherheitskräfte in Nablus 2023.[6] Ein Video, das die Szene aus der Vogelperspektive zeigt, zog online weite Kreise und dokumentierte die Ereignisse. Doch es waren die Zeug*inneninterviews, der Aufbau eines 3D-Modells zur Bestimmung der Blickwinkel der Sicherheitskräfte und die Audioanalyse, bei der die Anzahl der abgegeben Schüsse gezählt wurde (14), die es dem visuell-forensischen Team ermöglichten, Folgendes deutlich zu machen: Dieses Ereignis hat tatsächlich stattgefunden. Durch die Argumentation mithilfe von Übergenauigkeit zwingen wir die Kernfrage der Debatte, zur Tatsache zu werden, indem wir ihre Details quantifizieren.

TUNNELBLICK

Man wirft dieser Art von Arbeit zu Recht immer wieder Kurzsichtigkeit oder einen Tunnelblick vor. Wenn eine Ermittlung sich ausschließlich auf die Details eines einzigen Falles konzentriert, während sie ein Meer anderer Vorfälle, die ebenfalls Aufmerksamkeit verdienen, übersieht, ist diese Kritik berechtigt. Wenn die Ermittlung die Position einzelner menschlicher Körper auf klinische Weise zerlegt, als handle es sich um Figuren auf einem Schachbrett, ist diese Kritik berechtigt. Und dennoch verlangen die neuen Wahrheitsfindungspraktiken genau das. Sie erweisen sich insofern wirksam, als dass sie die Umgebung des strittigen Ereignisses, die digitale Darstellung von dem, was tatsächlich vielleicht das Elternhaus des Opfers ist, in einem kartesischen Koordinatensystem mit x-, y- und z-Koordinaten bis auf eine bestimmte Dezimalstelle genau nachzeichnen. Es ist dieser unnachgiebige technische Rahmen, der es Praktizierenden erlaubt, überprüfbare quantitative Aussagen über die Flugbahn einer Kugel zu treffen. Es ist die präzise Flugbahn, die eine Schuld des*r Akteur*in unbestreitbar macht.

OFFENSICHTLICHE BEWEISE

Visual Investigations erweitern Fotografie, indem sie auf die Bilder zeichnen. Das funktioniert, weil sie technowissenschaftliche formale Elemente und ein entsprechendes Vokabular nutzen. Dennoch herrscht zwischen der offenen Reproduzierbarkeit der wissenschaftlichen Methode und ihrer autoritativen Expertise eine inhärente Spannung.

Untersucht man, wie Visual Investigations ihre Ergebnisse formal darstellen, werden zwei Dinge deutlich. Erstens wollen sie durch Aufzeigen überzeugen. Entfernungsradien, Geschossflugbahnen, Wärmebilder und die Positionen, von denen aus Fotos aufgenommen wurden, werden per Bildschirm aufgezeigt und hergeleitet und stellen so die Ergebnisse der Ermittlungen dar. Diese Form der offenen Beweisführung ist Teil des Ethos von Open-Source-Recherchearbeit, eine Reihe von Praktiken, die für die visuelle Forensik grundlegend sind. Auf visueller Ebene ist die Arbeit selbsterklärend. Folglich unterstellt man dem Feld, dass die Arbeit reproduzierbar ist. Dieser Aspekt der Forensik, nämlich die Reproduzierbarkeit, wird als eine der Grundprinzipien der wissenschaftlichen Methode hervorgehoben.

Zweitens nutzt das Feld der Visual Investigations das allgemeine öffentliche Vertrauen in technische Expert*innen und Wissenschaftler*innen auch für einen weiteren Aspekt: sein Grafikdesign. Die grafische Gestaltung des Rasters, der Linien in Primärfarben, der graustufigen Modellierung und die Verwendung von Spektralfarben bei der Datenvisualisierung ahmt wissenschaftliche Diagramme nach. Hier soll eine technowissenschaftliche Autorität vermittelt werden, es wird impliziert, dass die Ergebnisse durch einen ähnlichen Prozess der Peer-Review gehen, um so das Lai*innenpublikum zu überzeugen.

BLINDES VERTRAUEN

Obwohl jede*r diese Arbeit reproduzieren kann, haben sich einige Techniken derart weiterentwickelt, dass sie sich nicht länger von Closed-Source-Arbeit unterscheiden lassen. Mit der zunehmenden

Verbreitung von Visual Investigations entfernen sich diese immer mehr vom strafrechtlichen und journalistischen Bereich und so entwickeln sich auch die Methoden fortwährend weiter. Neben reinem Experimentieren scheint diese Entwicklung von einem Wettlauf vorangetrieben zu werden. Doch mit wem oder was versucht das Feld Schritt zu halten? Laufen wir erstens der Aushöhlung der Macht des Fotojournalismus des 20. Jahrhunderts hinterher; zweitens den Videos von bürger*innenorientierter Berichterstattung; und nun letztlich dem forensisch analysierten Bild, das uns dazu bringt, nach weiteren komplexen Phänomenen zu suchen, die wir analysieren können? Mit jedem Medium, das seine Fähigkeit verliert, Gewalt zu vermitteln, erhöhen wir den Einsatz. Oder versuchen wir mit der visuellen Kompetenz des Publikums mitzuhalten, weil wir wissen, dass wir die Komplexität steigern können, sobald das Publikum vergangene Methoden versteht? Jedenfalls bietet diese Entwicklung den Praktizierenden der visuellen Forensik einen mächtigeren und effektiveren Zugang zur Wahrheit. Gleichzeitig wächst der Abstand zwischen Publikum und Wahrheit, es sei denn, wir vermitteln diese. Das führt zu einer Art blindem Vertrauen in die forensischen Schaman*innen.

Eine damit verbundene Überlegung könnte die besorgniserregendste sein: Sind diese beiden Rennen tatsächlich identisch? Führt eine zunehmende visuelle Kompetenz zu einer Abnahme der emotionalen Wirksamkeit? Funktionieren Visual Investigations argumentativ nur dann, wenn sie sich an den Grenzen des Publikumsverständnisses abspielen? Sind wir Praktizierenden mit dieser Beziehung des blinden Vertrauens einverstanden?

Warnende Beispiele gibt es im Überfluss. In ihrer Auseinandersetzung mit dem Fall Rodney King, der von Polizist*innen zusammengeschlagen wurde, schlüsselt Tory Jeffay auf, wie das berühmte Video des Vorfalls vor Gericht eingesetzt wurde. Anstatt dass es verdeutlichte, was in dem Material höchst offensichtlich war – Polizist*innen des LAPD schlagen auf einen am Boden liegenden, unbewaffneten Schwarzen Mann ein –, konzentrierten sich die Polizeiexpert*innen der Verteidigung auf Kings liegende Körperhaltung und dessen Mikrobewegungen, die sie Frame für Frame analysierten, um zu argumentieren, dass beides auf Widerstand hinweisen würde und damit die angewandte Gewalt gerechtfertigt gewesen sei.[7] Das zeigt uns, dass dieser „dekonstruktive Blick", der ebenso in neuen digitalen forensischen Techniken angewandt wird, an sich keine inhärente Richtigkeit, Gerechtigkeit oder Wahrheit für sich beanspruchen kann.

Eine sofort umsetzbare Lösung ist es, solche visuellen Analysen derselben Behandlung zu unterziehen. Derselbe Blick kann nicht nur auf originales Bildmaterial der bürger*innenorientierten Berichterstattung angewandt werden, sondern auch auf die visuellen Analysen selbst. In ihrer Auswertung der visuellen Beweise, die das israelische Team dem IGH vorlegte, hat Forensic Architecture genau das demonstriert, indem sie das grafisch bearbeitete Material und die Behauptungen, die es unterstreichen sollte, ebenfalls ausführlich analysierte.[8]

FAZIT

Wenn wir diese neuen visuellen digitalen Ermittlungsmethoden als rettende Nachfolger des Fotojournalismus betrachten, können wir deren Nutzen und Grenzen besser verstehen. Der dekonstruktive Blick der Visual Investigations zeichnet die unausgesprochene Gewalt in den Kriegsbildern nach. Er bedient sich technisch-wissenschaftlicher Autorität, um unsere Aufmerksamkeit für diese umstrittenen Ereignisse aufrechtzuerhalten, und hilft uns beim Lesen eines gemeinsamen Konzepts. Doch wie sollten wir mit den widersprüchlichen Positionen umgehen, die bei offensichtlichen, frei zugänglichen Beweisen auftreten, und mit der Notwendigkeit, gegen-forensischen Expert*innen zu vertrauen?

Wir stehen an einem interessanten Punkt in der Entwicklung des Feldes, an dem mittlerweile Audioanalysen zunehmend in der Öffentlichkeit eingesetzt werden, sowohl im Rahmen von Visual Investigations als auch als eigenständige Methode. Eine der leitenden Persönlichkeiten innerhalb dieser Teildisziplin ist Lawrence Abu Hamdan,[9] der mit seiner Organisation Earshot mit neuen Analyseformen Pionierarbeit geleistet hat. Vielleicht sogar noch wichtiger sind die neuen Methoden, mit denen sie solche Analysen einem Lai*innenpublikum näherbringen, das mit Audiospuren weniger vertraut ist als mit orthografischen Karten. In gewisser Weise erleben wir eine Neuauflage der Popularisierung visuell-forensischer Methoden und können nun genauer darauf schauen, wie Expertise in diesem öffentlichen Forum vermittelt wird. Einen Hinweis liefert Earshots aktuelle Untersuchung zu Angriffen auf Medienschaffende in Palästina.[10] In einer ihrer Visualisierungen (denn selbst Audioanalysen werden visualisiert, um Inhalte besser vermitteln zu können) betitelten sie eine Wellenform, die die Audioaufnahme einer Explosion darstellte: Lichtblitz, Einschlag, Mündungsknall – die typischen Momente, die eine Analyse der Audio-Latenzzeit nutzt, um den Abstand zum Geschütz festzustellen. Besonders interessant ist hierbei, dass Earshot noch weitere Abschnitte der Wellenform beschriftet hat: Trümmer, Glas, Staub. Diese beschreibende Geste geht über das hinaus, was für Analysezwecke unbedingt erforderlich ist. Hier handelt es sich beinahe um ein Alt-Texten der Geräuschspur für ein Lai*innenpublikum, dass man aufgrund seiner mangelnden Expertise in Bezug auf das Lesen von Tönen in einem solchen Kontext beinahe als hörbeeinträchtigt bezeichnen könnte. Ein solches Aufschlüsseln wirkt wie ein langsamerer, freundlicherer Versuch, ein noch unerfahrenes Forum anzuleiten. Vielleicht bringt es einige Vorteile mit sich, wenn man über Mediengrenzen hinweg erklären muss. Womöglich festigt es – zumindest im derzeitigen Zustand seiner Normalisierung – das öffentliche Gespräch über solche Audio Investigations.

Während wir weiterhin Visual Investigations einfordern, durchführen und ansehen, werden wir auch in Zukunft mit verzerrten Perspektiven, Tunnelblick und blindem Vertrauen konfrontiert werden. Indem wir nach diesen strategischen Schritten und Fallstricken bewusst Ausschau halten, können wir das Feld fortwährend in eine produktive, befreiende Richtung lenken.

– Juli 2024, Beirut und Lenapehoking

1 airwars.org/conflict/israel-and-gaza-2023/, zuletzt aufgerufen am 22. August 2024.

2 CPJ – Committee to Protect Journalists, „Journalist Casualties in the Israel-Gaza War", cpj.org/2024/07/journalist-casualties-in-the-israel-gaza-conflict/, zuletzt aufgerufen am 22. August 2024.

3 Forensic Architecture (Hrsg.), *The Architecture of Public Truth,* London 2014.

4 Thomas Keenan, „Counter Forensics and Photography", in: *Grey Room* 55, Frühjahr 2014, greyroom.org/issues/55/39/counter-forensics-and-photography/, zuletzt aufgerufen am 22. August 2024.

5 John Berger, „Photographs of Agony", in: ders., *About Looking,* New York 1980, S. 41–44.

6 Miriam Berger, Evan Hill, Imogen Piper, Meg Kelly, „3-D Analysis Shows How Israeli Troops Fired into A Group of Civilians", in: *Washington Post,* 10. März 2023, washingtonpost.com/investigations/interactive/2023/palestine-shooting-nablus-videos, zuletzt aufgerufen am 22. August 2024.

7 „Manufactured Evidence", öffentlicher Vortrag von Tory Jeffay mit anschließendem Gespräch mit Kelli Moore, 5. Mai 2023, youtube.com/watch?v=FsauO6wH6Bc, zuletzt aufgerufen am 22. August 2024.

8 Forensic Architecture, „An Assessment of Visual Material Presented by the Israeli Legal Team at the International Court of Justice", 26. Februar 2024, forensic-architecture.org/investigation/assessment-israeli-material-icj-jan-2024, zuletzt aufgerufen am 22. August 2024.

9 Lawrence Abu Hamdan, *Live Audio Essays,* hrsg. von James Hoff, Brookly 2023.

10 Earshot (Hrsg.), „5 Attacks on Journalists in Palestine", earshot.ngo/investigations/5-attacks-on-journalists-in-palestine, zuletzt aufgerufen am 22. August 2024.

Geofernerkundung und Landenteignung im Westjordanland

SITU Research, New York City, in Zusammenarbeit mit der israelischen Menschenrechtsorganisation Yesh Din, Tel Aviv, Rechtsanwalt Michael Sfard, Tel Aviv, Adam Maloof und Ryan Manzuk vom Lehrstuhl für Geowissenschaften an der Princeton University, New Jersey

2023 – fortlaufend

SITU RESEARCH, SIEHE SEITE 25

Projektbeteiligte: Gauri Bahuguna, Ramon Bieri, Bora Erden und Brad Samuels

YESH DIN

Yesh Din ist eine israelische Menschenrechtsorganisation, die aktuelle Informationen über systematische Menschenrechtsverletzungen in den besetzten Palästinensischen Gebieten dokumentiert, sammelt und verbreitet.
Projektbeteiligte: Firas Alami, Yair Foldes, Yonatan Kanonich, Alon Cohen Lifshitz und Ziv Stahl

MICHAEL SFARD

Michael Sfard ist ein israelischer Rechtsanwalt und politischer Aktivist, der sich auf internationales Menschenrechtsrecht und Kriegsrecht spezialisiert hat. Er ist der Rechtsberater von Yesh Din und war als Anwalt an zahlreichen Fällen im Zusammenhang mit der israelischen Besatzung vor israelischen Gerichten beteiligt.

ADAM MALOOF

Adam Maloof ist Professor für Geowissenschaften an der Princeton University.

RYAN MANZUK

Ryan Manzuk ist Doktorand am Lehrstuhl für Geowissenschaften an der Princeton University.

Nach dem Ende des Krieges von 1967 eroberte Israel im Juni die Golanhöhen von Syrien, das Westjordanland einschließlich Ost-Jerusalem von Jordanien und den Gazastreifen sowie die Sinai-Halbinsel von Ägypten. Im November 1967 verabschiedete der Sicherheitsrat der Vereinten Nationen die Resolution 242, die einen Schritt in Richtung eines dauerhaften Friedens in der Region darstellen sollte. Die Resolution forderte unter anderem den „Rückzug der israelischen Streitkräfte aus den Gebieten, die während des jüngsten Konflikts besetzt wurden", und die „Beendigung jeder Geltendmachung des Kriegszustands beziehungsweise jedes Kriegszustands sowie Achtung und Anerkennung der Souveränität, territorialen Unversehrtheit und politischen Unabhängigkeit eines jeden Staates in der Region und seines Rechts, innerhalb sicherer und anerkannter Grenzen frei von Androhungen oder Akten der Gewalt in Frieden zu leben."[1]

Nach der Verabschiedung der Resolution 242 wurde die kriegsbedingte Landnahme zu einer dauerhaften Besetzung. In den folgenden Jahrzehnten nahm der Bau israelischer Siedlungen im Westjordanland stetig zu. Heute gibt es dort 146 genehmigte Siedlungen und 205 nicht genehmigte Außenposten (Siedlungen, die ohne offizielle israelische Genehmigung gebaut wurden) sowie Straßen, Industrie- und Naturschutzgebiete und vieles mehr.

Heute, da die palästinensischen Gemeinden von israelischen Siedlungen umgeben sind und einer separaten, repressiven Gesetzgebung unterliegen, kann das Regime im Westjordanland als eines mit ungleichen Rechten für jüdische Israelis und Palästinenser*innen verstanden werden. Das Rechtssystem im Westjordanland funktioniert de facto als ein Zweiklassensystem: Für Israelis gelten moderne, von gewählten Gesetzgeber*innen geschaffene Gesetze, die ihnen alle Rechte und Schutzmaßnahmen einer liberalen Demokratie gewähren. Für die Palästinenser*innen hingegen gelten militärische, drakonische Gesetze. Diese Ungleichheit ist einer der Gründe, warum Israel des Verbrechens der Apartheid beschuldigt wird. Dieses Verbrechen ist als Verbrechen gegen die Menschlichkeit sowohl in der Internationalen Konvention über die Unterdrückung und Bestrafung des Verbrechens der Apartheid[2] als auch im Römischen Statut des Internationalen Strafgerichtshofs[3] definiert. Auch wenn die Formulierungen in den beiden Abkommen leicht voneinander abweichen,

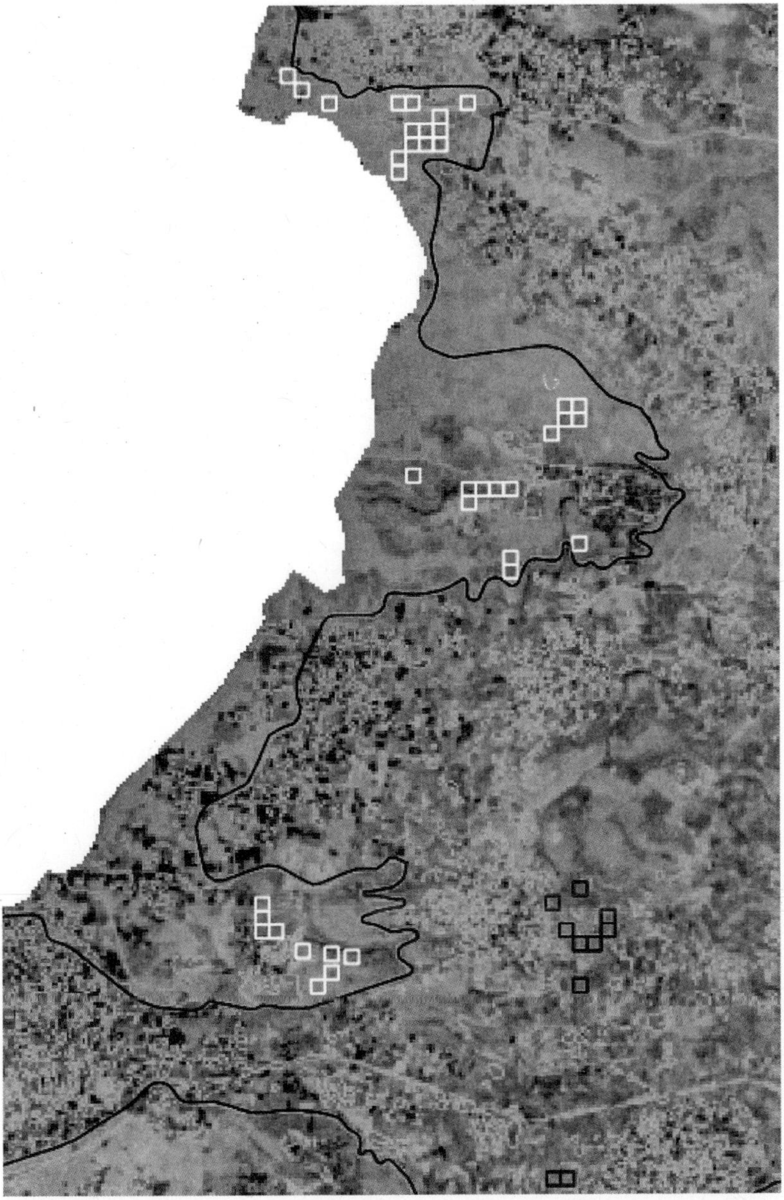

Untersuchungsgebiet für Zugangsbeschränkungen für die Landwirtschaft in und nahe der Seam Zone im Nordosten des besetzten Westjordanlands. Die Testgruppe (weiß) und die Kontrollgruppe (schwarz) verfolgen die Veränderungen des NDVI an Standorten mit Olivenhainen im Laufe der Zeit. Das NDVI-Veränderungsbild wurde von Landsat 8-Satellitenbildern von 2023 abgeleitet, die vom U.S. Geological Survey zur Verfügung gestellt wurden. Die schwarze Linie zeigt den Verlauf der Trennlinie, die aus unveränderten Geodaten von OCHA von 2018 stammt.

Datensammlung zur Analyse der landwirtschaftlichen Expansion israelischer Siedlungen in der zentralen Region des besetzten Westjordanlandes. Satellitenbilder vom 19. August 2023 mit einer Auflösung von 50 cm werden mit einem NDVI-Bild mit einer Auflösung von 150 m überlagert, das von Landsat-Satellitenbildern von 2021 abgeleitet wurde (mit Genehmigung des U.S. Geological Survey). Jedes NDVI-Pixel ist der gemittelte NDVI-Wert einer 5 × 5-Pixel-Kachel aus dem 2021er Bild. Die Polygone zeigen die in der Analyse betrachteten Weinberge und Olivenhaine an. Hochauflösendes Satellitenbild © CNES (2023), Vertrieb AIRBUS DS.

Haroun Kahla, ein palästinensischer Landwirt und Mitglied der vertriebenen Gemeinschaft von Wadi al-Seeq, zeigt auf seine landwirtschaftlichen Flächen, zu denen er keinen Zugang hat, und spricht über seine Erfahrungen als Vertriebener. Durch die persönliche Schilderung von Ereignissen, Orten und kontextualisierenden Informationen sind die Aussagen von Herrn Kahla und anderen eine wichtige Quelle, die als Grundlage für Fernerkundungsanalysen verwendet werden.

wird Apartheid allgemein mit den gleichen Begriffen beschrieben. Das Römische Statut definiert Apartheid als eine unmenschliche Handlung, die „im Rahmen eines institutionalisierten Regimes der systematischen Unterdrückung und Beherrschung einer ethnischen Gruppe über eine oder mehrere andere ethnische Gruppen in der Absicht begangen wird, dieses Regime aufrechtzuerhalten."[4] Systematische Unterdrückung und Beherrschung sind somit wesentliche Elemente des Verbrechens, das sich typischerweise in der dauerhaften Überlegenheit der dominanten Gruppe in Bezug auf Rechte und Ressourcen ausdrückt.

Dieses Projekt zielt auf eine Dokumentation und Analyse der Veränderungen der Landnutzung und des Landbesitzes im Westjordanland ab. Da der israelisch-palästinensische Konflikt ein territorialer Konflikt ist, wird untersucht, ob die systematische Diskriminierung auch eine räumliche Dimension besitzt und ob die Fernerkundung über Raum und Zeit hinweg Muster der Landenteignung im Westjordanland erkennen lässt.

Eine Rechtsverletzung muss nachweislich zu weit verbreiteten oder systematischen Verletzungen geführt haben und sich gegen die Zivilbevölkerung richten, um nach dem Völkerrecht als Verbrechen gegen die Menschlichkeit zu gelten. Der Nachweis, dass ein Verstoß solchen Schaden verursacht hat, ist daher von entscheidender Bedeutung. Vor diesem Hintergrund hat das Projekt umfangreiche Belege für räumliche und zeitliche Manifestationen der Besatzung gesammelt, die – so die Projektbeteiligten – dem Verbrechen der Apartheid entsprechen könnten. Das Projekt analysiert dabei insbesondere Fälle von Zwangsvertreibungen, Landenteignungen, physischer Gewalt und die Verweigerung des Zugangs zu Ackerland. Diese Fallstudien und die angewandte Methodik sollen als Modell für die Untersuchung weiterer Fälle dienen. Trotz zahlreicher Zeug*innenaussagen, insbesondere von palästinensischen Bewohner*innen des Westjordanlandes, gibt es bisher nur wenige quantitative Analysen zum Sachverhalt. Ziel ist es, eine Fallakte zu erstellen, die Aspekte der Unterdrückung und Beherrschung im Rahmen der Apartheid untersucht – speziell durch die Verweigerung des Zugangs zu und der Nutzung von Land. Diese Analyse stützt sich auf Zeug*innenaussagen *und* wissenschaftliche Erkenntnisse. Zwar haben Menschenrechtsorganisationen wie

Yesh Din, Human Rights Watch und auch Amnesty International Berichte zum Tatbestand der Apartheid in den besetzten Palästinensischen Gebieten vorgelegt, doch sehen die Projektbeteiligten ihre Arbeit als ersten Versuch, umfassende quantitative Beweise für diesen Teilaspekt des Verbrechens der Apartheid im Westjordanland zusammenzutragen.

Die Zusammenarbeit zwischen der israelischen Menschenrechtsorganisation Yesh Din, dem Rechtsanwalt Michael Sfard, SITU Research und Adam Maloof und Ryan Manzuk vom Lehrstuhl für Geowissenschaften der Princeton University konzentriert sich auf drei Arten von Rechtsverletzungen, die als Ausdruck eines Apartheidregimes betrachtet werden können: die Enteignung palästinensischen Agrarlands durch israelische Siedler*innen, die Zwangsumsiedlung palästinensischer Gemeinden und die Zugangsbeschränkungen zu palästinensischen landwirtschaftlichen Flächen in der Seam Zone[5]. Diese Rechtsverletzungen werden durch die Analyse von Satelliten- und Luftbildaufnahmen sowie durch Vor-Ort-Dokumentationen und Zeug*innenaussagen dokumentiert. Der Schwerpunkt liegt dabei auf der Auswertung von Veränderungen der Bodenbedeckungen, die aus dem Weltraum sichtbar sind. Beobachtungen veränderter Landnutzung, insbesondere in der Landwirtschaft, sind dabei ein wesentlicher Bestandteil. Ein zentraler Indikator für diese Veränderungen ist die Umwandlung von Olivenhainen in einem Gebiet, das üblicherweise von palästinensischen Bäuer*innen bewirtschaftet wird, in Weinberge in einem Gebiet, das üblicherweise von israelischen Siedler*innen bewirtschaftet wird. Wenn Olivenhaine durch Weinberge ersetzt werden, deutet diese oft auf eine Landenteignung hin.

Um Veränderungen in der Landwirtschaft zu dokumentieren, nutzte das Team eine neue Methode zur Erkennung von Olivenhainen und Weinbergen durch die multispektrale Analyse von Landsat-Daten – einem Satellitenprogramm der US-Raumfahrtbehörde, das 1972 gestartet wurde. Obwohl die 30-Meter-Pixelauflösung von Landsat die meisten morphologischen Merkmale von Vegetation und Nutzpflanzen nicht detailliert abbilden kann, ermöglicht eine gezielte Zeitreihenanalyse des Normalized Difference Vegetation Index (NDVI) in Verbindung mit einer Kalibrierung der saisonalen Muster, die durch unterschiedliche landwirtschaftliche Praktiken entstehen, das

Abdelkarim Shamasneh, ein palästinensischer Landwirt aus der Stadt Nabi Elias, weist auf seine Olivenhaine und landwirtschaftlichen Flächen, die hinter der Trennlinie in der Seam Zone liegen. In den letzten sieben bis acht Jahren konnte er sein Land weder regelmäßig betreten noch seine Oliven zuverlässig ernten. Seit drei Jahren ist ihm der Zutritt zu seinem Land völlig untersagt.

Ein Olivenzweig mit Oliven, ca. 1900–1920. In dem Gebiet, das heute als besetztes Westjordanland bezeichnet wird, werden seit Jahrtausenden Olivenbäume angebaut.

Erkennen von Veränderungen in der landwirtschaftlichen Nutzung. Diese Veränderungen werden über längere Zeiträume verfolgt und mit Zeug*innenaussagen abgeglichen. Zunächst wurde diese Methode an Orten ohne Zugangsbeschränkungen erprobt, doch sie ist darauf angelegt, im gesamten Westjordanland eingesetzt zu werden, um das geografische und zeitliche Ausmaß dieser Rechtsverletzungen zu bestimmen.

Am 19. Juli 2024 erklärte der Internationale Gerichtshof in einem wegweisenden Gutachten die israelische Besetzung palästinensischer Gebiete, einschließlich des Westjordanlandes, für rechtswidrig. Dieses Gutachten des höchsten internationalen Gerichts für völkerrechtliche Fragen könnte den Weg für zukünftige Gerichtsverfahren in verschiedenen Rechtssystemen ebnen. Die entwickelten Methoden und Erkenntnisse aus dem Projekt werden in den kommenden Monaten und Jahren den Rechtsberater*innen in der Advocacy-Arbeit und in rechtlichen Auseinandersetzungen zur Verfügung stehen.

1 Sicherheitsrat der Vereinten Nationen (1967) Resolution 242, 22. November 1967, S/RES/242", un.org/depts/german/sr/sr_67/sr242-67.pdf, zuletzt aufgerufen am 4. September 2024.

2 Internationale Konvention über die Unterdrückung und Bestrafung des Verbrechens der Apartheid, 30. November 1973, Exec. Doc. (A/C.3/L.1871), legal.un.org/avl/pdf/ha/cspca/cspca_ph_e.pdf, zuletzt aufgerufen am 4. September 2024.

3 Römische Statut des Internationalen Strafgerichtshofs, 1998, UN Doc. A/CONF.183/9, 2187 UNTS 90, in Kraft seit dem 1. Juli 2002, Art. 7, icc-cpi.int/resourcelibrary/documents/rs-eng.pdf, zuletzt aufgerufen am 4. September 2024.

4 Ebd.

5 Die Seam Zone ist das Gebiet zwischen der sogenannten Grünen Linie (der Waffenstillstandslinie von 1949) und der von Israel errichteten Sperranlage. Die Seam Zone ist rechtlich und militärisch stark kontrolliert. Sie wird als „geschlossene Zone" betrachtet, die Palästinenser*innen nur mit speziellen Genehmigungen betreten dürfen. Diese Genehmigungen sind notwendig, um Zugang zu ihrem Land, zu ihrer Arbeit oder zu anderen grundlegenden Dienstleistungen zu erhalten.

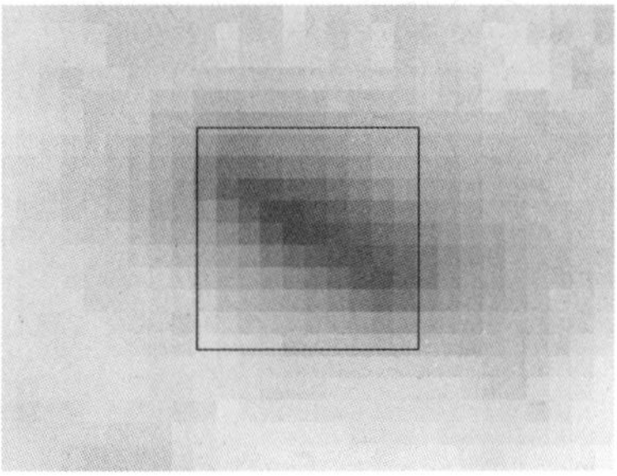

Dieses Satellitenbild mit einer Auflösung von 3 Metern von Planet Labs, aufgenommen am 16. Juni 2023, isoliert blaues Licht aus dem Bild, um ein Gebäude in dunkelblauen Pixeln hervorzuheben. Dieses Gebäude war eine Schule für Kinder aus den vertriebenen Gemeinden Ras al-Tin und al-Qaboun. PlanetScope-Satellitenbild © 2023, Planet Labs PBC

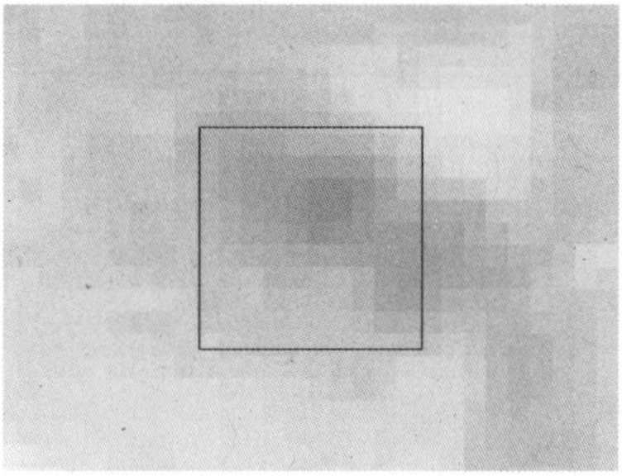

Dieses Satellitenbild mit einer Auflösung von 3 Metern von Planet Labs, das am 31. Juli 2024 aufgenommen wurde und blaues Licht isoliert, zeigt eine dramatische Reduzierung der dunkelblauen Pixel des Gebäudes. Diese Änderung steht im Einklang mit einer ähnlichen Analyse an einer dokumentierten Schulabrissstelle in der nahegelegenen Gemeinde Ein Samiya, was darauf hindeutet, dass die Ras al-Tin-Schule wahrscheinlich irgendwann zwischen Mitte Juni 2023 und Juli 2024 abgerissen wurde. PlanetScope-Satellitenbild © 2024, Planet Labs PBC

Die Interviews wurden geführt von Firas Alami, Leiter des Außendienstes bei Yesh Din, und Muner Qaddus, Feldforscher bei Yesh Din.

Über den QR-Code können zusätzliches Material und ein Film zur Methodik des Projekts abgerufen werden.

3D-Tatorte

Forensische Rekonstruktion und Visualisierung

Ralf Breker

RALF BREKER

Ralf Breker ist seit 2015 Sachgebietsleiter des Fachbereichs Forensische Medientechnik im Bayerischen Landeskriminalamt. Der Diplom-Ingenieur, der an der Hochschule München Geomedientechnik studierte, ist seit 2009 im Kriminaltechnischen Institut des Bayerischen Landeskriminalamts beschäftigt. Seit Beginn seiner Tätigkeit arbeitet er als Sachverständiger und erstellt im Auftrag von Polizei, Staatsanwaltschaften, Gerichten und des Bayerischen Staatsministeriums des Innern Gutachten, die von ihm vor Gericht vertreten werden. In seine Leitungstätigkeit beim LKA fielen beispielsweise die geschichtsträchtigen 3D-Rekonstruktionen des KZ Auschwitz-Birkenau sowie des Oktoberfestattentats vom 26. September 1980.

Im Jahr 2009 entschied sich der damalige Präsident des Bayerischen Landeskriminalamts (BLKA) Peter Dathe für die Beschaffung von Vermessungsinstrumenten zur 3D-Visualisierung von Tatorten: Ein terrestrischer Laserscanner (TLS)[1] für großflächige Tatorte sowie ein Streifenlichtscanner[2] für kleine Objekte und Asservate wurden der Kriminaltechnik – genauer, dem Sachgebiet 212 Forensische Medientechnik – zugeordnet. Seitdem werden Kapitaldelikte, aber auch diverse Spuren und Asservate in Bayern dreidimensional erfasst.

DREIDIMENSIONALE SPURENSICHERUNG

Die Erfassung von Tatorten mithilfe des TLS veränderte die kriminaltechnische Arbeit des Sachgebiets 212 des BLKA grundlegend: Anstatt perspektivisch verzerrte Bilder und Videos lediglich zu Dokumentationszwecken nutzen zu können, werden die aus dem Scan entstehenden 3D-Punktwolken für weiterführende kriminaltechnische Untersuchungen verwendet, wodurch die Tatörtlichkeiten damit quasi dreidimensional konserviert werden. Auch für die Spurenauswertung erweisen sich die neuen forensischen Möglichkeiten als wertvoll: Den Ermittler*innen ist es nun beispielsweise möglich, Trajektorien (Raumkurven) von Blutspritzern und deren Schwerpunkte in der 3D-Szene zu visualisieren. Profilspuren, die durch den Einsatz von Luminol[3] sichtbar gemacht werden, können verzerrungsfrei in das digitale Modell integriert werden, Sichtachsen von Zeug*innen und Beschuldigten können mathematisch korrekt eingefügt werden. Das BLKA kann auf Basis von Überwachungsvideos und 3D-Scans nun sogar Körpergrößen von auf dem Videomaterial abgebildeten Täter*innen bestimmen. Zudem werden anhand der Modelle bereits komplexe Tatabläufe auf ihre Plausibilität überprüft. → ABB. 1

Der Einsatz von Streifenlichtscannern in der Konservierung von Spuren und Asservaten hat auf kleinmaßstäblicher Ebene gänzlich neue Einsatzbereiche erschlossen. Beispielsweise können mögliche Verletzungsspuren am Körper von Geschädigten – verursacht durch Gegenstände oder durch Tritte – präzise vermessen und mit möglichen Spurenverursacher*innen verglichen werden. Zusätzlich zu den 3D-Oberflächenaufnahmen der Verletzungsspuren können Computertomografie-Aufnahmen[4] (CT) von den Verletzungsbereichen angefertigt und mit den Daten des Streifenlichtscanners kombiniert

Abbildung 1. Projiziertes Foto mit fluoreszierendem Luminol im Scan

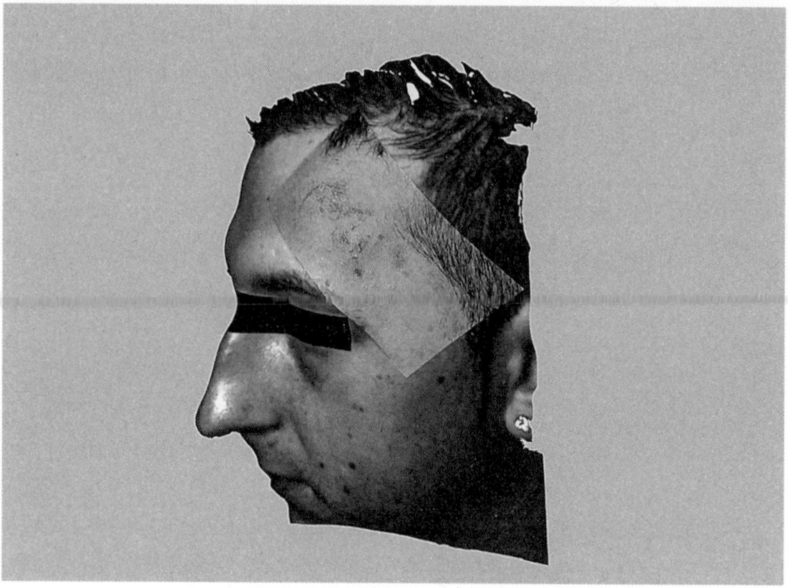

Abbildung 2. Rekonstruktion eines Verletzungsmusters

werden. Knochendefekte, die durch Gewalteinwirkung entstanden sind, können damit in das Modell überführt und mit den oberflächlichen 3D-Daten abgestimmt werden. Aufgrund der akkuraten 3D-Streifenlichtscans ist eine Rekonstruktion der Verletzungsmuster auch noch Jahre nach einer Tat möglich. Unter der Voraussetzung, dass das Spurenmuster zum damaligen Zeitpunkt fotografiert wurde, kann die verletzte Topografie – beispielsweise am Kopf – eingescannt und das Foto, anhand übereinstimmender Merkmale zwischen Foto und Scan, auf die 3D-Oberfläche des Kopfes projiziert und die Spur somit ausgewertet werden. → ABB. 2

DIGITALE REKONSTRUKTION VON HISTORISCHEN TATORTEN

Seit ihrer Anschaffung sind die 3D-Technologien unverzichtbarer Bestandteil der Polizeiarbeit und etablieren sich auch im Strafverfahren vor Gericht. Vier Jahre nach ihrer Einführung beim BLKA wurde das Sachgebiet 212 Forensische Medientechnik mit der Rekonstruktion des Konzentrationslagers Auschwitz-Birkenau beauftragt: Im Rahmen der bundesweiten Ermittlungen gegen ehemaliges SS-Wachpersonal sollte ein gerichtsverwertbares 3D-Model des Konzentrationslagers erstellt werden. Dieses sollte es den ermittelnden Behörden ermöglichen, die Sichtachsen des SS-Wachpersonals – beispielsweise den Blick von einem Wachtturm in Richtung der Krematorien – nachzuvollziehen.

Die digitale, dreidimensionale Rekonstruktion eines der größten Tatorte der Geschichte stellte das Sachgebiet vor eine große Herausforderung, die sich sowohl aus der räumlichen Ausdehnung des Areals als auch aus dem Umfang der erforderlichen Recherchearbeit ergab. Vor Ort musste zuerst eine Bestandsaufnahme durchgeführt werden. Erhaltene Gebäude wie beispielsweise Baracken, Sauna und Wachtürme konnten mit dem Laserscanner dreidimensional erfasst werden. Gebäude, die wie beispielsweise die Krematorien nicht mehr existierten, mussten auf Grundlage von Konstruktionsplänen des Archivs in Auschwitz aufwändig remodelliert[5] werden.

Bei der 3D-Rekonstruktion des KZ Auschwitz-Birkenau setzte das Sachgebiet 212 auch erstmals Virtuelle-Realität-(VR)-Technologie ein: Ermittler*innen und Staatsanwält*innen konnten das Modell nicht nur am Monitor betrachten, sondern über VR-Headsets in die 3D-Szenerie „eintauchen". Den Betrachter*innen konnte so ein objektiver Eindruck des Lagers vermittelt werden. Auch die eingangs erwähnte Fragestellung zu den Sichtachsen der SS-Wachleute konnte mithilfe der neuen Technologie zufriedenstellend beantwortet werden. Das 3D-Modell des Konzentrationslagers wurde schließlich im Prozess gegen den ehemaligen SS-Wachmann Reinhold Hanning eingesetzt, nachdem der SS-Angehörige Johann Breyer, in dessen Prozess das Modell ebenso hätte Verwendung finden sollen, vor seiner Auslieferung aus den USA verstorben war. → ABB. 3

Der Einsatz von Virtueller Realität erfolgte auch bei der Rekonstruktion eines weiteren geschichtsträchtigen Falles: dem Oktoberfestattentat vom 26. September 1980. Mit Wiederaufnahme der Ermittlungen durch die Sonderkommission „Soko 26. September" im Jahr 2014 wurde – analog zur Auschwitz-Rekonstruktion – auf Grundlage von Laserscans, digitalen Geländemodellen und orthografischen Fotos der Anschlagsort an der Theresienwiese in München rekonstruiert. Zusätzlich wurden dem Sachgebiet 212 eine Vielzahl von Fotos vom Anschlagsort, die Polizei, Rettungsdienste und Presse erstellt hatten, zur Verfügung gestellt. Auf Basis dieser Daten konnte auch hier ein exaktes und übersichtliches 3D/VR-Modell erstellt werden – auf dessen Grundlage diverse Ermittlungen durchgeführt werden konnten.

In den Folgejahren fand die Einrichtung virtueller Realitäten zur Visualisierung von 3D-Laserscandaten zunehmend Verwendung, sodass das Sachgebiet einen ersten VR-Viewer, also eine Applikation zum Abspielen von VR-Daten, auf Grundlage der Game-Engine[6] Unity entwickelte. Erste Erfahrungen mit der Anwendung demonstrierten die vielfältigen Einsatzmöglichkeiten der Technologie hinsichtlich virtueller Dokumentation, Rekonstruktion und Analyse von Tatorten. 2019 beschloss man schließlich, eine noch innovativere und komplexere VR-Anwendung für die Forensische Medientechnik zu entwickeln: Das „Holodeck" avancierte zum Leuchtturmprojekt der bayerischen Polizei. Nach einer Gesamtentwicklungszeit von vier Jahren erfolgte die Vorstellung des Projektes am 6. Juni 2023 öffentlichkeitswirksam im Rahmen einer Pressekonferenz.[7]

Abbildung 3. Rekonstruktion des KZ Auschwitz-Birkenau

Abbildung 4. Das Holodeck

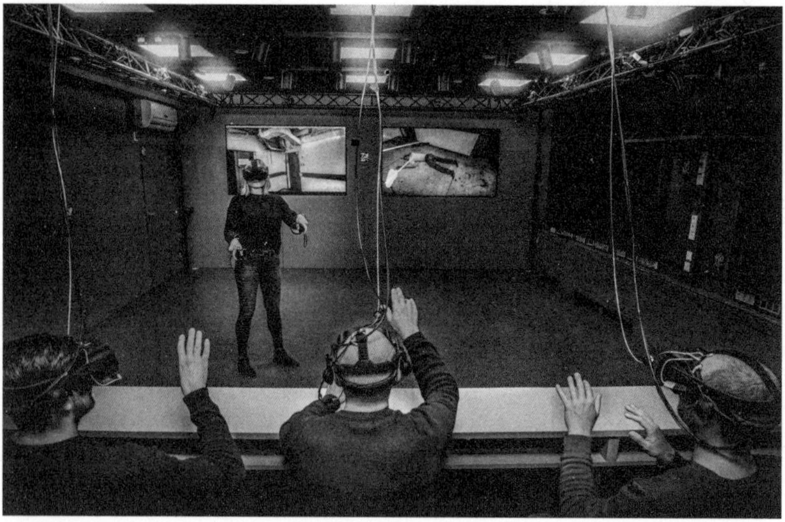

Abbildung 5. Holodeck-Benutzung mit Zuschauern und Moderatorin

Der 70 Quadratmeter große Raum am Münchener Standort des BLKA ist in einen Zuschauer*innen- und einen Anwendungsbereich aufgeteilt. Ausgestattet mit modernster High-End-Technik aus dem Bereich der digitalen Medientechnologien können digitalisierte Tatorte auf Grundlage von Laserscans und Photogrammetrie im Holodeck als VR-Inhalte visualisiert werden. → ABB. 4 Das Holodeck ist aber keineswegs eine reine Visualisierungsplattform. Vielmehr dient es den ermittelnden Personen von Spurensicherung, Forensik und Staatsanwaltschaft durch die Verfügbarkeit einer Vielzahl von Werkzeugen wie zum Beispiel Analyse-, Dokumentations- und Rekonstruktionswerkzeugen dazu, konkrete Fragestellungen am virtuellen Tatort zu bearbeiten. Um eine konstruktive virtuelle Tatortarbeit zu gewährleisten, mussten entsprechende technische Rahmenbedingungen geschaffen und diverse Funktionen implementiert werden.

Das Holodeck ist eine Anwendung für Mehrbenutzer*innen, wobei bis zu 100 Benutzer*innen gleichzeitig und ortsunabhängig an einer Besprechung teilnehmen können, um an virtuellen Orten mit anderen Teilnehmenden zu interagieren, Daten auszutauschen und zu kommunizieren. Jede Aktion eines Anwenders oder einer Anwenderin wird für alle anderen Teilnehmer*innen im Netzwerk sichtbar repliziert. → ABB. 5 Das eigens entwickelte Rollenkonzept ermöglicht einen kontrollierten Einsatz der Technologie im Mehrbenutzer*innenmodus: In der Zuschauer*innenrolle werden die Hände des Anwenders oder der Anwenderin durch „Hand Tracking" in der virtuellen Realität visualisiert. Mit den virtuellen Händen können Benutzer*innen ein Display bedienen, das es ihnen ermöglicht, selbstständig durch eine 3D-Szene zu navigieren, Objekte zu greifen und Dokumentationswerkzeuge zu nutzen. Moderierende werden durch spezielle Werkzeuge befähigt, die Zuschauer*innen zu führen, diese beispielsweise hinter sich zu versammeln oder in einen anderen Tatortbereich zu lenken. Diese Rolle kann in der konkreten Anwendung durch Staatsanwaltschaft, Ermittler*innen oder Spurensicherung eingenommen werden. Die Standardrolle ist die des aktiven Anwenders oder der aktiven Anwenderin, dem/der die ganze Funktionspalette an Rekonstruktions-, Dokumentations-, und Analysewerkzeugen der Software zur Verfügung steht. Das Konzept der Nutzer*innenrollen des Holodecks ermöglicht die Durchführung neuartiger, interaktiver

Präsentationen. Zudem können Personen, die nicht am realen Tatort gewesen sind, durch Moderator*innen in den virtuellen Tatort eingewiesen werden. Darüber hinaus gewährleistet die einfache Bedienbarkeit der Funktionen im Zuschauer*innenmodus auch technischen Lai*innen vollen Zugang zu VR-Szenarien.

Aktive Benutzer*innen werden als ultrarealistische, anwender*innenidentische Avatare visualisiert: Mithilfe eines photogrammetrischen Ganzkörperscanners erfolgt eine Echtzeitübertragung der Bewegungen aktiver Anwender*innen im Holodeck auf den Avatar. → ABB. 6 Der Ganzkörperscanner ist mit 70 Kameras ausgestattet. Durch einen einzigen Mausklick werden alle Kameras gleichzeitig ausgelöst und die 70 entstehenden Einzelbilder zu einem 3D-Avatar berechnet. Dieser wird anschließend als virtuelles Skelett in der Spiele-Engine Unreal eingebettet. Die Erfassung und Übertragung von Bewegungen auf den Avatar erfolgt unter Zuhilfenahme eines sogenannten Motion-Capture-Systems.[8] Durch die Erstellung von digitalen Kopien der Anwender*innen entsteht in der virtuellen Welt personifizierte Präsenz. Die Anwendung der Tracking-Technologien erlaubt eine Erweiterung der klassischen digitalen Kommunikationskanäle um die Körpersprache, wodurch eine immersive soziale Präsenz der Teilnehmenden entsteht. Dies birgt enormes Potenzial hinsichtlich der Kommunikation von Polizeibeamt*innen untereinander, aber auch bei Befragung von Tatverdächtigen oder Zeug*innen in der virtuellen Realität.

Die entwickelte Software unterstützt zudem diverse Medienplattformen und ist damit nicht räumlich auf das Holodeck beschränkt. Ein VR-Headset ist nicht zwingend erforderlich, im Netzwerk- oder Standalone-Modus ist der Zugriff auf 3D-Szenarien ebenso mit einem klassischen PC oder mobilen Endgerät möglich.

Das Holodeck mit seiner Software ist aufgrund der Konzeption und der Einbindung adäquater Echtzeitfunktionen und -werkzeuge weit mehr als nur eine Applikation zur Visualisierung von VR-Inhalten. Es stellt vielmehr ein innovatives, virtuelles Arbeitsumfeld für Ermittler*innen, Sachverständige und Staatsanwält*innen dar und ist somit das erste echte polizeiliche VR-Labor in Deutschland. Das Holodeck bildet die Basis für eine virtuelle, kriminalistische Plattform, die einen kontinuierlichen, modularen Aufbau ermöglicht. Diese Plattform ist

Abbildung 6. Ein Mitarbeiter der Forensischen Medientechnik im Ganzkörperscanner

dabei keineswegs auf den ermittlungsunterstützenden, forensischen Einsatz limitiert, sondern kann jederzeit auch auf weitere Einsatzbereiche der (bayerischen) Polizei erweitert werden. In einem nächsten Entwicklungsschritt soll die Holodeck-Software mit KI-Funktionalitäten ausgestattet werden, die mittelfristig eine Transformation der 3D-Modelle in echte digitale Zwillinge ermöglichen sollen. Ich darf Sie zum Abschluss dieses Textes nochmal daran erinnern: Die Geschichte der 3D-Visualisierung beim BLKA begann vor gerade einmal 15 Jahren mit der Beschaffung von 3D-Vermessungsinstrumenten ...

1 Ein terrestrischer Laserscanner (TLS) erzeugt bis zu 50 Millionen Messpunkte mit einer Genauigkeit im Millimeterbereich. Die resultierenden Scans werden in Graustufen dargestellt: Umso stärker der ausgesandte Laserstrahl an einer Oberfläche reflektiert wird, desto heller erscheint der Messpunkt in der Visualisierung; je schwächer die Reflexion, desto dunkler. Durch die Aufnahme von 360-Grad-Panorama-Fotografien ist es zudem möglich, die messtechnisch präzisen und dichten 3D-Graustufenpunktwolken in Echtfarben darzustellen.

2 Der 3D-Streifenlichtscanner arbeitet mit Genauigkeiten im Submillimeterbereich und wird beispielsweise für die Aufnahme von Profilspuren verwendet. Ohne den Einsatz der 3D-Technologie bei der fotografischen Erfassung von Spuren auf ebenen Oberflächen muss zwingend auf die Planparallelität der Fotoaufnahme geachtet werden, um die perspektivische Verzerrung möglichst gering zu halten. Bei auch nur leichter Abweichung von dieser Aufnahmekonfiguration weist das Spurenfoto schnell Verzerrungen auf, die im Zentimeterbereich liegen – bei einer Profilspur am Boden entspricht das ein bis zwei Schuhgrößen. Zudem muss grundsätzlich ein Bildmaßstab in der Ebene der Spur angelegt sein. Präzise Auswertungen von Spuren auf gewölbten, also nicht ebenen Oberflächen sind ohne den Einsatz von 3D-Technologien schwierig bis unmöglich: Wenn eine gewölbte 3D-Oberfläche auf einer zweidimensionalen Ebene abgebildet wird, verändert sich der Bildmaßstab eines jeden einzelnen Pixels. Aus diesem Grund kann ein natürliches Objekt auf einem Foto nur verzerrt dargestellt werden. Mit dem 3D-Streifenlichtscanner können auch Spuren auf gewölbten Oberflächen maßstabsgetreu erfasst und ausgewertet werden.

3 In der Kriminalistik wird Luminol zur Spurensuche verwendet, um selbst geringste Mengen von Blut nachzuweisen. In der Reaktion mit Oxidationsmitteln wie Wasserstoffperoxid wird bläuliches Licht freigesetzt. Wird dieses Licht in einem abgedunkelten Raum sichtbar gemacht, können Blutspuren entdeckt werden, die mit bloßem Auge nicht erkennbar wären.

4 Die Computertomographie (kurz: CT) ist eine spezielle 3D-Röntgenuntersuchung, mit der Schnittbilder des Körpers angefertigt werden. Diese Schnittbilder enthalten 3D-Informationen, die zu akkuraten 3D-Modellen berechnet werden können.

5 Als Grundlage für die Rekonstruktion dienten Digitale Geländemodelle (DGM), also 3D-Topografien des Areals ohne Bebauung oder Bewuchs. Auf dieses Modell wurde ein hochaufgelöstes, verzerrungsfreies, orthografisches Foto des Areals projiziert. Sowohl die remodellierten als auch die vom Laserscanner erzeugten 3D-Modelle konnten schließlich in die vom Vermessungsamt bereitgestellten Geländedaten präzise integriert werden.

6 „Engine" (zu Deutsch: Motor) beschreibt ein Rahmensystem, das alle benötigten Bausteine bereitstellt, um ein Spiel für eine bestimmte Plattform zu entwickeln. Der Einsatz von Engines hat sich über die Gaming-Szene hinaus etabliert, die meisten dieser „Baukästen" werden aber von Spieleentwickler*innen zur Verfügung gestellt.

7 Die Pressekonferenz zur Vorstellung des „Holodeck" am 6. Juni 2023 leiteten Joachim Herrmann, bayerischer Staatsminister des Innern, für Sport und Integration, Judith Gerlach, damals bayerische Staatsministerin für Digitales, und der damalige Präsident des Bayerischen Landeskriminalamtes Harald Pickert.

8 Mithilfe von sechzehn hochpräzisen Infrarotmesskameras werden sogenannte Cluster an Händen, Füßen, Rücken und Kopf der aktiven Anwender*innen getrackt und dadurch deren Position im Raum bestimmt. Durch „Eyetracking" werden zusätzlich Pupillenbewegungen und Augenlider erfasst und durch das „Facetracking" die Gesichtsmimik auf den Avatar übertragen.

Der Klang der Kugeln

Ermittlungen zum Mord an dem kolumbianischen Journalisten Abelardo Liz

Bellingcat, Amsterdam, in Zusammenarbeit mit Cerosetenta, Bogotá

2023

BELLINGCAT

Bellingcat ist ein unabhängiges Recherchekollektiv von Forscher*innen, Ermittler*innen und Bürgerjournalist*innen, die ihre Leidenschaft für Open-Source-Recherche verbindet. Das Kollektiv besteht aus mehr als 30 Mitwirkenden aus über 20 Ländern. Seit der Gründung im Jahr 2014 hat Bellingcat eine Vorreiterrolle bei der Nutzung von Open-Source-Methoden eingenommen, um wichtige Ereignisse von öffentlichem Interesse zu untersuchen, wie etwa den Abschuss von Flug MH17 über der Ostukraine, Polizeigewalt in Kolumbien und den illegalen Wildtierhandel in den Vereinigten Arabischen Emiraten. Ihre Arbeit wird häufig in den internationalen Medien erwähnt und von Gerichten und Untersuchungskommissionen zitiert.

Bellingcat ist bekannt für die Entwicklung und Bereitstellung nachvollziehbarer Methoden für ethische digitale Recherche. Bellingcat veröffentlicht Leitfäden zu Open-Source-Recherchemethoden und bietet maßgeschneiderte Schulungen für Journalist*innen, Menschenrechtsaktivist*innen und die breite Öffentlichkeit an. Dies fördert die Verbreitung und Anwendung von Open-Source-Recherche.

Projektbeteiligte: Lucy Swinnen, Carlos Gonzales, Galen Reich und Charlotte Maher

CEROSETENTA

Cerosetenta ist eine unabhängige digitale Medienplattform, die am Zentrum für Journalismusforschung (CEPER) der Universidad de los Andes gegründet wurde. Mit dem Ziel, einen freien und innovativen Journalismus, der sich mit aktuellen Themen auseinandersetzt, zu fördern, schlägt Cerosetenta eine Brücke zwischen akademischer Forschung und journalistischer Praxis. Cerosetenta verbindet rigorose akademische Methoden mit journalistischem Storytelling, um sowohl über nationale Nachrichten zu berichten als auch um wesentliche, für das 21. Jahrhundert relevante Themen zu untersuchen.

Projektbeteiligte: Natalia Arenas, Diego Forero, María Angélica Riascos Sierra und Tania Tapia

Am 13. August 2020 wurde der indigene kolumbianische Journalist Abelardo Liz erschossen. Er filmte während einer Demonstration für Landrechte auf einer Hazienda rund 500 Kilometer südwestlich der Hauptstadt Bogotá eine Konfrontation zwischen Soldat*innen der kolumbianischen Armee und Demonstrierenden der indigenen Nasa. Bis heute wurde niemand für seinen Tod zur Rechenschaft gezogen, obwohl zahlreiche Beweise für die Schießerei öffentlich zugänglich sind.

Investigative Journalist*innen des kolumbianischen Medienunternehmens Cerosetenta wandten sich an die Open-Source-Ermittler*innen von Bellingcat mit der Bitte um Hilfe bei der Sichtung von Beweismaterial der Schießerei. Darunter befanden sich auch Aufnahmen, die Abelardo Liz selbst gemacht hatte und die genau den Moment dokumentieren, in dem er erschossen wurde. Ziel dieser Zusammenarbeit war es, Ungereimtheiten in der Darstellung der Ereignisse durch die kolumbianische Armee aufzudecken. Das indigene Volk der Nasa beteiligt sich an der sogenannten „Liberación de la Madre Tierra" (Befreiung der Mutter Erde), einer Bewegung, die sich für die Rückgewinnung von Land einsetzt, das ihrer Meinung nach seit der spanischen Kolonisierung den Nasa weggenommen wurde. Das Land in der Cauca-Region befindet sich seit Langem in den Händen der Agrarindustrie, was dazu führte, dass die Nasa in weniger fruchtbare Gebiete umgesiedelt und ihre Möglichkeiten zur Selbstversorgung eingeschränkt wurden. In einem Bericht in der *Revista Estudios Socio-Jurídicos* (Zeitschrift für sozio-juristische Studien) wird darauf hingewiesen, dass die Vertreibungen die Nasa dazu veranlasst haben, Taktiken der Landbesetzung anzuwenden, welche die rechtlichen Grenzen überschreiten und zu Spannungen in der Region führen. Zudem ist die Nasa-Gemeinschaft von Revierkämpfen betroffen, an denen unter anderem Drogenkartelle, Dissident*innen der Revolutionären Streitkräfte Kolumbiens (FARC), das kolumbianische Militär, die Polizei und andere bewaffnete Einheiten beteiligt sind und die zum Tod von Gemeindemitgliedern der Nasa geführt haben.

Bellingcat hat bereits vor diesem Fall die tödlichen Schüsse auf die palästinensische Journalistin Shireen Abu Akleh im Jahr 2022 untersucht. In Anbetracht einer deutlich komplexeren Schießerei gingen sie davon aus, dass die Tonaufnahmen wichtige Hinweise liefern können, woher die tödlichen Schüsse kamen. Ein wesentlicher Bestandteil der

Standbilder, die zeigen, wie Soldat*innen der Aguila 1 Schüsse in den Boden abfeuern. Bei disziplinarischen Untersuchungen hatten sie zuvor bestritten, Schüsse abgefeuert zu haben.

Ein photogrammetrisches Modell, das den Standort der Soldat*innen Sekunden vor Beginn der Schießerei zeigt

Untersuchung ist daher die Audioanalyse. Es wurden Videoaufzeichnungen zahlreicher Kameras genutzt, die über einen Radius von einem Kilometer auf der Hazienda verteilt waren, um die Klangmuster zu synchronisieren, die von Dutzenden von Schüssen erzeugt wurden. Die Audioforensiker Robert Maher und Steven D. Beck analysierten die Geräusche der überschallschnellen Kugeln aus 16 Videos, um den Ablauf der Schießerei im Detail zu ermitteln.

Die von Bellingcat und Cerosetenta zusammengetragenen Untersuchungsergebnisse stehen im Widerspruch sowohl zur Version der kolumbianischen Armee als auch zu mehreren zentralen Angaben von Soldat*innen, die unter Eid zur Schießerei ausgesagt hatten. Die komplexe Klanganalyse belegt, dass die Soldat*innen die Schießerei eröffneten und ihre Waffen in unmittelbarer Nähe von Zivilist*innen abfeuerten. Außerdem konnte nachgewiesen werden, dass die Armee nicht – wie von ihr behauptet – von den Bergen aus beschossen wurde. Die Untersuchung des tödlichen Schusses auf Liz ergab, dass dieser offenbar aus einer Umgebung kam, in dem sich kolumbianische Soldat*innen und andere Sicherheitskräfte aufhielten. Die Kugel in Liz' Körper stimmte mit der Art der Kugeln in den Waffen überein, die die Soldat*innen an dem Tag bei sich trugen.

Eine immersive Audioinstallation, die 2024 für das Architekturmuseum der TUM entwickelt wurde, rekapituliert die Ereignisse des 13. August 2020 und erklärt die Konzepte und Techniken, die bei der Analyse zum Einsatz kamen. Ziel der Installation ist es, Einzelheiten der Klanganalyse zu teilen, in der Hoffnung, dadurch Forscher*innen, Menschenrechtsaktivist*innen, Journalist*innen und Open-Source-Ermittler*innen zu ermächtigen, diese Arbeit selbstständig auszuführen.

Als Reaktion auf die Veröffentlichung der Untersuchungsergebnisse des Teams forderten vier UN-Sonderberichterstatter*innen im Januar 2024 in einem Schreiben an die kolumbianische Regierung eine dringende Aufarbeitung des Falls. Sie drückten ihre Besorgnis über den exzessiven Einsatz von Gewalt durch die Soldat*innen und deren offensichtliche Straffreiheit aus. Der investigative Beitrag von Bellingcat und Cerosetenta, der den Prozess und die Ergebnisse der Untersuchung dokumentiert, wurde beim Europäischen Pressepreis 2024 mit dem zweiten Preis in der Kategorie Innovation ausgezeichnet.

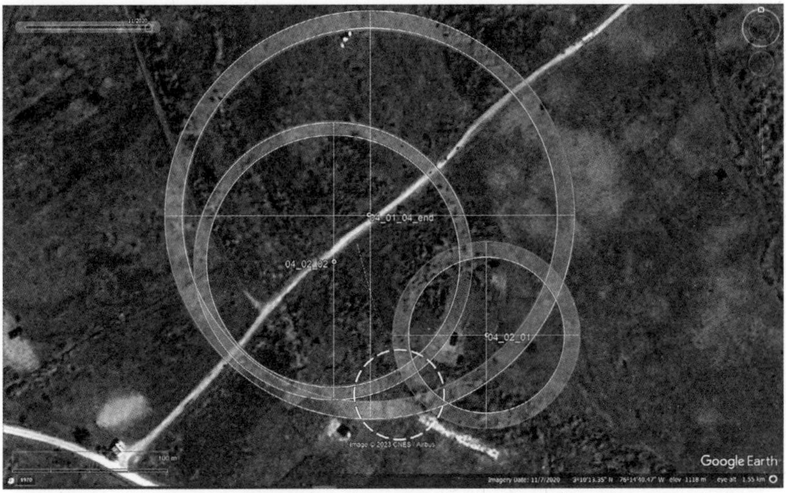

Die vollen Kreise geben die ungefähre Entfernung zu einem potenziellen Schützen an. Der gestrichelte Kreis zeigt an, wo sich die vollen Kreise treffen und gibt somit den Standort eines möglichen Schützen an. Das Fehlen ballistischer Daten, einschließlich der Geschwindigkeit der Kugeln und der Flugbahn, führt jedoch zu einer gewissen Unsicherheit. Der Standort ist nur eine Schätzung.
Quellen: Dr. Robert Maher, Google Earth Pro CNES-Airbus

Über den QR-Code können zusätzliches Material und Ausstellungsansichten der Installation im Architekturmuseum der TUM 2024–2025 aufgerufen werden.

Dokumentation der Todesflüge

SITU Research, New York City, in Zusammenarbeit mit dem Centro Prodh, Mexiko-Stadt und Alicia de los Ríos Merino

2023–2024

SITU RESEARCH, SIEHE SEITE 25

Projektbeteiligte: Gauri Bahuguna, Ramon Bieri, Martina Duque Gonzalez, Evan Grothjan, Sam Rabiyah, Brad Samuels und Candice Strongwater

MIGUEL AGUSTÍN PRO JUÁREZ HUMAN RIGHTS CENTER

Das Miguel Agustín Pro Juárez Human Rights Center (Centro Prodh) ist eine führende Menschenrechtsorganisation in Mexiko. Das 1988 von der Gesellschaft Jesu gegründete Zentrum arbeitet Hand in Hand mit den Opfern einiger der symbolträchtigsten Fälle von Menschenrechtsverletzungen in Mexiko bei ihrer Suche nach Wahrheit und Gerechtigkeit. Mit der Unterstützung der ganzheitlichen Rechtsverteidigungs- und Advocacy-Strategien des Centro Prodh haben Opfer und Kollektive Menschenrechtsverletzungen aufgedeckt, Straffreiheit bekämpft und Täter*innen auf nationaler und internationaler Ebene zur Rechenschaft gezogen.

ALICIA DE LOS RÍOS MERINO

Alicia de los Ríos Merino ist eine Historikerin und Dozentin an der Fakultät für Geisteswissenschaften der Autonomen Universität von Chihuahua. Als Anwältin und Familienmitglied einer im Rahmen der Aufstandsbekämpfung verschwundenen Person engagiert sie sich aktiv für die Ermittlungen und Aufklärung schwerwiegender Menschenrechtsverletzungen, die während der Zeit des sogenannten „Schmutzigen Krieges" begangen wurden. Sie trägt denselben Namen wie ihre verschwundene Mutter, Alicia de los Ríos Merino, die aktives Mitglied der Liga Comunista 23 de Septiembre war, einer marxistisch-leninistischen Stadtguerilla-Gruppe im Mexiko der 1970er-Jahre. Im Januar 1978 wurde die Mutter von der Brigada Blanca, einer speziellen Einheit zur Bekämpfung von Aufständen, bestehend aus Militärs und Agenten der Bundesdirektion für Sicherheit, entführt und verschwand.

Von Ende der 1960er- bis Anfang der 1980er-Jahre verschärfte die mexikanische Regierung im sogenannten „Schmutzigen Krieg" („la guerra sucia") ihre brutale Kampagne gegen politische Dissident*innen. Außergerichtliche Hinrichtungen, Verschwindenlassen, Folter und andere schwere Menschenrechtsverletzungen wurden systematisch eingesetzt, um Personen, die von der Regierung als Bedrohung wahrgenommen wurden, auszuschalten. Das Projekt „Dokumentation der Todesflüge" konzentriert sich auf geheime Operationen, bei denen politische Gefangene gefoltert, getötet und dann aus Militärflugzeugen ins Meer geworfen wurden. Diese Methode, die an Praktiken in Argentinien, Uruguay und Chile erinnert, wandte das mexikanische Militär an, um keine Spuren über den Verbleib ihrer Opfer zu hinterlassen. Bis heute sind die Identitäten der Opfer der Todesflüge unbekannt. Das Projekt beleuchtet die Geschichte eines von vielen möglichen Opfern der Flüge: Alicia de los Ríos Merino – Mutter der gleichnamigen projektbeteiligten Historikerin –, deren letzter bekannter Aufenthaltsort zu dem Militärflugplatz führt, von dem aus die Todesflüge durchgeführt wurden.

Dank der beharrlichen Bemühungen der von Opfern geführten Organisationen unterzeichnete der mexikanische Präsident Andrés Manuel López Obrador (2018–2024) im Jahr 2021 ein Dekret zur Einrichtung einer Wahrheitskommission, die diesen Zeitraum aufarbeiten sollte. Obgleich die mit der Initiative verbunden Erwartungen hoch waren, stieß die Untersuchung selbst auf erhebliche Hindernisse, die sich aus dem fehlenden Zugang zu den militärischen Akten ergaben. Dies führte dazu, dass die Kommission ihrerseits in Bedrängnis geriet, ihrem Auftrag nicht nachkommen zu können.

In Zusammenarbeit mit SITU Research analysierte Centro Prodh, eine führende Menschenrechtsorganisation mit Sitz in Mexiko-Stadt, eines der geheimsten staatlichen Programme zum Verschwindenlassen und rekonstruierte die „Todesflüge". Ziel war es, einen Beitrag zu Aufklärung, Versöhnung und Wahrheitsfindung zu leisten sowie die Geschichtsschreibung zu präzisieren.

Ein 14-minütiges Video präsentierte eine der ersten Zusammenstellungen von visuellen Beweisen für das systematische und hochgradig durchorganisierte Programm zum Verschwindenlassen von

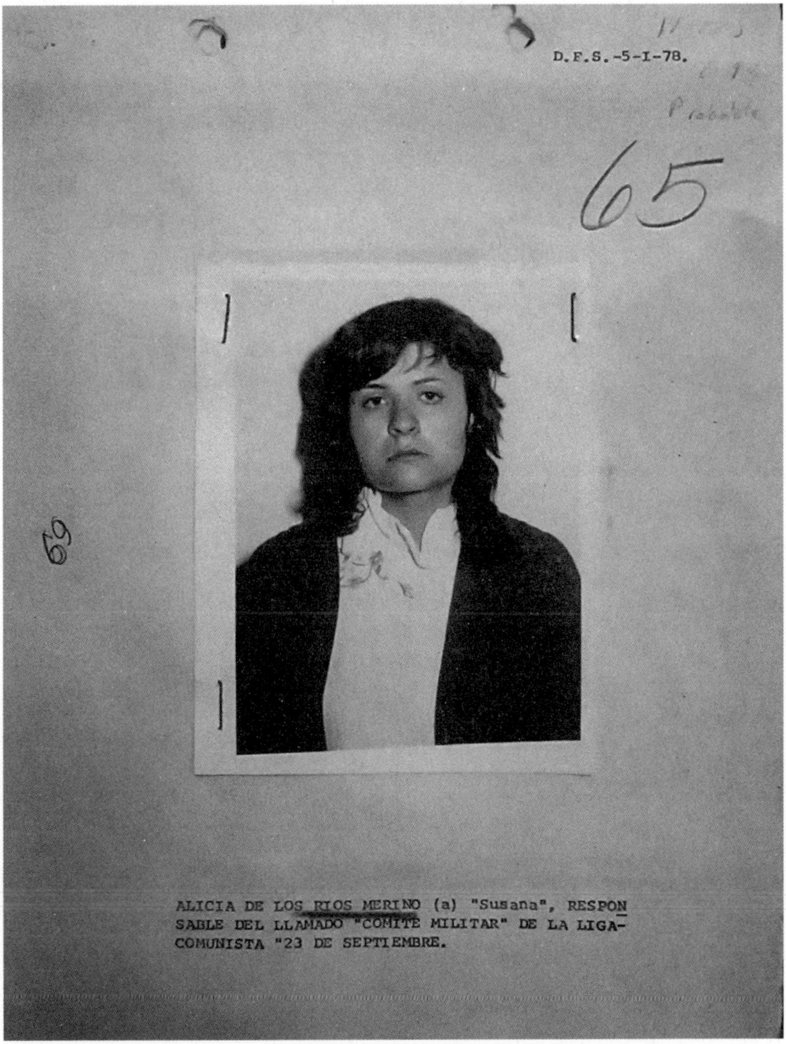

Eine Verhaftungsakte von Alicia de los Ríos Merino vom Januar 1978, beschlagnahmt von der Dirección Federal de Seguridad (D.F.S.). Das Dokument stellt eine der letzten offiziellen Aufzeichnungen ihres Aufenthaltsortes dar.

Ein freigegebenes HEXAGON KH-9-Aufklärungssatellitenbild zeigt Teile von Guerrero, Mexiko, aus dem Jahr 1975. Das Bild wurde von Ermittler*innen verwendet, um den Standort des Luftwaffenstützpunkts Pie de la Cuesta zu bestimmen.

Eine Überlagerung des 3D-Modells mit Fotos von Häftlingen, die bei der Recherche der „Todesflüge“ verwendet wurden

Menschen, das von hochrangigen Militärs im mexikanischen Guerrero in diesem Zeitraum durchgeführt wurde. Die Arbeit besteht aus einer Recherche, die öffentlich zugängliche und verdeckte Unterlagen kombiniert, einem aus Archivmaterial rekonstruierten digitalen 3D-Modell des Schauplatzes, hochauflösenden Spionagesatellitenbildern, die zuvor als geheim eingestuft waren, und Material, das im Rahmen einer militärischen Untersuchung im Jahr 2002 freigegeben wurde.

Neben dem Film umfassen die Rechercheergebnisse Anschauungsmaterial, das die Beziehung zwischen kollektiver Erinnerung, Ereignisrekonstruktion und der Suche nach Beweisen in historischen Aufzeichnungen erschließt. Dazu gehören freigegebene Dokumente aus den Archiven für Nationale Sicherheit, Familienfotos von Alicia de los Ríos Merino sowie überraschendes Filmmaterial aus Hollywood, das bei der Rekonstruktion des Militärflugplatzes Pie de la Cuesta – einer der Hauptschauplätze des Verbrechens – geholfen hat.

Der Film, der in Mexiko große Verbreitung fand, fordert die Freigabe des gesamten Militärarchivs und die Aufdeckung zusätzlicher Aspekte über diese dunkle Epoche der mexikanischen Geschichte.

Über den QR-Code können zusätzliche Informationen und visuelles Material aufgerufen werden.

Über die Bildung eines Netzwerks zur Gegenbeweis-führung

Hin zu einem solidaritätsbasierten Modus der Open Source Investigation

Patrick Brian Smith

PATRICK BRIAN SMITH

Patrick Brian Smith ist University Fellow an der School of Arts, Media and Creative Technology der University of Salford. Er promovierte 2020 an der Concordia University und war zuvor Postdoc-Stipendiat der British Academy an der University of Warwick. Derzeit arbeitet er an dem Projekt *Counter Evidentiary Futures.* Seine Forschungsinteressen umfassen Theorie und Praxis des Dokumentarfilms, räumliche und politische Theorie, forensische Medien und Medienaktivismus im Bereich der Menschenrechte. Sein Buch *Spatial Violence and the Documentary Image* wurde 2024 von Legenda/MHRA veröffentlicht. Er ist Mitbegründer der BAFTSS Documentary SIG und Mitglied der SCMS Media, Science, and Technology Studies SIG. Seine Arbeiten wurden in Zeitschriften wie *JCMS, Discourse, Media, Culture & Society und NECSUS* veröffentlicht.

Open Source Investigations (OSI), also Ermittlungen, die vornehmlich auf öffentlich zugänglichem Material basieren, stehen an einem Wendepunkt. OSI-Praktiken wurden weithin dafür gepriesen, dass sie „Plattformen für politische Teilhabe" bereitstellen, die „neue demokratische Praktiken schaffen, um Kampagnen zu führen, Beweise zu erbringen und alternative Berichte zu humanitärer Hilfe und Aktivismus zu unterstützen"[1], während sie gleichzeitig „gewöhnlichen Menschen" erlauben, „internationale Prozesse zur Faktenfindung zu beeinflussen".[2] OSI gilt zunehmend als ein Bereich, in dem egalitärere Herangehensweisen an die Ermittlung von Menschenrechtsverletzungen und allgemeineren Formen von Gewalt durch Unternehmen und Politik möglich sind. Ermittlungen finden weit entfernt von den betroffenen Schauplätzen statt – wobei sie Daten nutzen, die sowohl aus nichtöffentlichen als auch öffentlich zugänglichen Quellen stammen. Dies öffnet den investigativen Tätigkeitsbereich, da Arbeitsweisen, die zuvor nur Ermittlungsspezialist*innen oder Fachjournalist*innen zur Verfügung standen wie unter anderem Geolokalisierung, Chronolokalisierung, Geofernerkundung, Audioanalyse, Mustererkennung, nun auch für jede*n mit einer Internetverbindung und einem grundlegenden digitalen Spürsinn zugänglich sind. Diese Narrative der Demokratisierung und Befreiung beförderten die rapide interdisziplinäre Verbreitung von OSI im investigativen Journalismus, der Menschenrechtsprechung und im Bereich der Neuen Medien.

Gleichzeitig weisen innerhalb des Feldes Stimmen auf eine Reihe ethischer und epistemologischer Spannungen hin, die sich für OSI ergeben, während ihre Methoden und Praktiken sich langsam festigen und systematisieren. Beispielsweise meint Nishat Awan, dass solche Formen „digitalen Bezeugens" unsere Fähigkeiten, entfernte Orte zu observieren, zwar erweitern, sie jedoch ebenso das Risiko mit sich bringen, dass benachteiligte und einer bestimmten Herkunft zugeordnete Personen weniger sichtbar werden. Genauer gesagt warnt Awan, dass OSI-Praktiken den Akt des Sichtbarmachens fälschlicherweise schon als einen „emanzipatorischen Akt an sich" identifizieren könnten, wodurch sie die körperlichen Gewalterfahrungen dieser Personen unterdrücken könnten.[3] Damit in Zusammenhang steht auch Libby McAvoys Argumentation, wonach auf dem Gebiet der OSI strikt zwischen Content-Creator*innen und Content-Analyst*innen unterschieden wird. Wenn OSI-Ermittler*innen Material untersuchen, das Gewalt und traumatische Ereignisse zeigt, sind es, so McAvoy, in erster Linie die Ermittler*innen, die die Analyse und das Narrativ formen – und die es sich letztlich zu eigen machen –, nicht die Personen, die das Bild- oder Filmmaterial aufgenommen haben oder die auf diesem zu sehen sind.[4] Somit wird die Handlungsmacht derjenigen, die wesentlich von diesen Formen von Schaden und Gewalt betroffen sind, unterdrückt; innerhalb des Ermittlungsprozesses drängt man diese Menschen oft an den Rand.

McAvoy ist juristische Beraterin bei Mnemonic, einer NGO, die digitale Informationen zu Menschenrechtsverstößen und internationalen Verbrechen archiviert, zu ihnen ermittelt und sich für das Gedenken an diese Ereignisse einsetzt. Im Jahr 2021 veröffentlichte McAvoy einen kurzen Artikel auf *Open Global Rights* mit dem Titel „Centering the ‚Source' in Open Source Investigation". Darin führte sie an, dass der OSI-Bereich durch eine selbstgeschaffene Binarität gekennzeichnet sei, die diejenigen, die ermittelten und analysierten, von den Content-Creator*innen trenne, die dem dokumentierten Leid oft am nächsten stünden. Dieser Prozess „schwächt, ignoriert und zertrennt sogar mögliche Solidarität, die eine geschaffene Kluft zwischen Content-Creator*innen und Content-Analyst*innen überbrücken könnte".[5] McAvoy zufolge muss man sich diesen Spaltungen aktiv entgegenstellen. Ein solcher Widerstand ist von essenzieller Bedeutung, da außenstehende Forscher*innen riskieren, eine Echokammer herzustellen, welche die bereits in der „Documentation-to-Justice-Pipeline" existierenden Schäden weiter verstärkt und und festigt.[6] Stattdessen sollten Organisationen digitale Methoden mit erklärtermaßen solidaritätsbasierten Praktiken verbinden, um so zu vermeiden, dass Bemühungen seitens der Justiz untergraben und die betroffenen Gemeinschaften, die im Fokus der Ermittlungen stehen, marginalisiert werden.[7] Entsprechend sollten OSI-Praktiken Bemühungen, die auf lokaler Ebene nach Verantwortlichen suchen, unterstützen, jedoch nicht ersetzen, da diese ebenfalls dabei helfen könnten, die Kluft zwischen Content-Creator*innen und Content-Analyst*innen zu überbrücken. Dieser solidaritätsbasierte Ansatz sollte Folgendes enthalten: „bewusste, verhandelte, aufrichtige, transnationale Zusammenarbeit zwischen Aktivist*innen im Globalen Norden und im Globalen Süden. Er setzt das Schaffen eines gemeinsamen Bezugsrahmens voraus [...], der Lasten und Nutzen umverteilt und ausbalanciert".[8]

Ich umreiße hier zu Anfang die verschiedenen Positionen, um auf die aufkommenden ethischen und epistemologischen Spannungen auf dem Arbeitsgebiet von OSI hinzuweisen. Auch sollen die Eckpfeiler des Counter Evidentiary Networks (CEN), einer neuen Forschungsinitiative in der School of Arts, Media and Creative Technology an der britischen Universität von Salford, in den Vordergrund gestellt werden. Dieses interdisziplinäre und kollaborative Netzwerk möchte Dialog, kritische Reflexion und Wissensaustausch zwischen verschiedenen praxis- und rechercheorientierten OSI-Gruppen und Einzelnen fördern, die am Aufdecken von Menschenrechtsverletzungen und anderen Formen von Gewalt durch Unternehmen und Politik beteiligt sind. Das CEN hat das Ziel, die vielfältigen demokratischen und befreienden Potenziale von OSI, die von Gutiérrez, McDermott, Koenig und Murray u. a. dargelegt wurden, zu ergründen und weiterzuentwickeln. Gleichzeitig macht es sich das Netzwerk zur Aufgabe, die heiklen ethischen und epistemologischen Fragen, die Forscher*innen wie Awan und McAvoy ansprechen, konkret anzugehen.

Das Netzwerk basiert auf zwei wesentlichen Elementen. Das erste soll nachzeichnen, wie das Gebiet der OSI derzeit funktioniert, Wissens- und Ressourcenlücken identifizieren, während es gleichzeitig Raum für weitere Vernetzung, Zusammenarbeit und Austausch von Expertise schafft. Das Gebiet der OSI wächst rapide und verschiebt sich in seinen fachgebietlichen Grundlagen. Wir konnten sehen, wie innerhalb einer Vielzahl von angrenzenden Bereichen OSI-Methoden übernommen wurden: Menschenrechte, Gesetzgebung, investigativer Journalismus, Advocacy-Arbeit im Umweltschutz, Katastrophenhilfe, Krisenmanagement, Cybersicherheit und weitere. Während OSI-Methoden und -Praktiken von verschiedenen Disziplinen in Anspruch genommen werden, ist es wichtig zu beobachten, in welche allgemeine Richtung sich dieses höchst interdisziplinäre Arbeitsfeld entwickelt, und Bilanz zu ziehen. Welche neuen Muster von disziplinübergreifenden Kollaborationen zeigen sich? Gehen diese verschiedenen Bereiche anders an OSI heran, was Methodik, Arbeitsabläufe und Best Practice angeht? Das CEN wurde auf Basis von Gesprächen mit zentralen Akteur*innen in diesem Feld entwickelt. Im Ergebnis lässt sich feststellen, dass ein kollaborativer, interdisziplinärer Raum, in dem man sich über den Zustand des Arbeitsbereichs austauschen konnte, bislang nicht zur Verfügung steht. Schlussendlich ist es das

Ziel dieses ersten Bestandteils, einen solchen Raum, in dem Gespräche, Diskussionen und Wissensaustausch stattfinden können, zu schaffen und zu pflegen.

Das zweite Element zielt darauf ab, eine kritische Reflexion über das Gebiet der OSI zu fördern. So sollen OSI-Praktizierende und -Forschende ermutigt werden, sich kritisch mit den potenziellen ethischen und epistemologischen Grenzen der aktuellen OSI-Methoden und -Praktiken auseinanderzusetzen. Inwiefern schwächt, ignoriert oder zertrennt die Differenzierung zwischen verwurzelten Gemeinschaften, die Medienbeweise produzieren, und denjenigen, die dieses Material analysieren, die Möglichkeiten für kollaborative „solidaritätsbasierte Modi" medialer Ermittlungen, für die sich McAvoy einsetzt? Welche Machtungleichgewichte wohnen OSI-Arbeitsabläufen und -Methoden inne (zum Beispiel die Tatsache, dass eine extrahierende Beziehung dominiert, bei der Gruppen und Akteur*innen des Globalen Nordens Informationen extrahieren und sich zu eigen machen, die Gruppen und Akteur*innen einer Global Majority an vorderster Front sammeln und zur Verfügung stellen)? Wie kann der kollaborative Raum des CENs diese Probleme adressieren und dabei helfen, einen eher solidaritätsbasierten Modus von OSI zu fördern?

Wir wollen darüber nachdenken, auf welche Weise eine Überarbeitung und Reflexion der OSI-Praktiken erfolgen kann, damit wir direkt auf McAvoys Aufruf reagieren können. Wie sie anmerkt, müssen wir „diese digitalen Methodologien zusammen mit bewussten, solidaritätsbasierten Praktiken integrieren, um zu vermeiden, dass Bemühungen um Gerechtigkeit vereinnahmt oder dass diejenigen, die den dokumentierten Schäden am nächsten stehen, auf andere Weise kleingemacht werden".[9] Neben unserem ersten Element, das sich mehr mit praktischen Diskussionen über die Form des Gebiets und dessen Methoden und Ermittlungstechniken auseinandersetzt, zielt das zweite Element auf eine Erweiterung des kritischen Fokus unserer Diskussionen ab, wobei Teilnehmer*innen dazu angehalten werden, darüber nachzudenken, wie wir egalitärere, dekoloniale und stärker solidaritätsbasierte Arbeitsabläufe für OSI schaffen können. Außerdem stellt sich eine weitere Frage, wenn wir mit betroffenen Gemeinschaften effektiver und systematischer zusammenarbeiten wollen: Wie können wir unsere Vorstellungen von Gerechtigkeit und

Verantwortlichkeit so ändern, dass sie nicht nur alternative, gegenhegemonische Strukturen für Gerechtigkeit unterstützen, sondern uns auch dabei helfen, uns von den traditionell westlichen juristischen und strafenden Strukturen der Ermittlung wegzubewegen? In letzter Zeit haben verschiedene Akteur*innen und Gruppen Protokolle und Methoden entworfen, die dabei helfen können, durch OSI geschaffene Beweise so aufzubereiten, dass sie vor Menschenrechts- und Strafgerichten sowie vor Tribunalen juristisch zulässig sind.[10] Natürlich ist diese Arbeit wichtig. Dennoch müssen wir weiterhin darauf achten, inwiefern solche Prozesse der juristischen Übertragung vielleicht das Risiko mit sich bringen, Content-Creator*innen und Content-Analyst*innen noch weiter voneinander zu entfernen – indem man sich auf westlich zentrierte juristische Strukturen verlässt, die sich vielleicht nicht so einfach auf lokale, gemeinschaftsbasierte Bemühungen um Gerechtigkeit und das Finden von Verantwortlichen übertragen lassen oder die diese nicht ausreichend in Betracht ziehen.

Unser erstes Treffen fand im Juni 2024 statt. Dabei kamen viele verschiedene Gruppen und Personen dieses Arbeitsbereichs zusammen, darunter sowohl Akteur*innen aus dem praktischen Feld als auch aus der Forschung. Mitglieder folgender Organisationen und Institutionen waren vertreten: Bellingcat; Global Justice Investigations Lab; American University, Washington College of Law; Views of Violence, University of Copenhagen; School of Law, Queen Mary University London; SITU Research; Urban Laboratory, University College London; Human Rights Watch; autonoma; The Sentry; School of Law, Erasmus University Rotterdam; WITNESS; School of Law, University of Swansea; Earshot und representare. In dieser ersten Sitzung besprachen wir mögliche Inhalte, Themen und Problematiken innerhalb des OSI-Bereichs, um die sich unsere Diskussionen in zukünftigen Sitzungen drehen könnten. Dabei tat sich ein breites Spektrum an gemeinsamen, zu vertiefenden Inhalten und Themengebieten auf: die Ethik von OSI-Arbeit (Fragen des Einverständnisses, die Nutzung von automatischer Gesichtserkennung, Erfahrungen mit indirekter Traumatisierung), Kollaborationen (disziplinübergreifende und interdisziplinäre Ansätze, Kollaboration in Bezug auf öffentlich zugängliche Daten, Demokratisierung von OSI-Technologien und -Werkzeugen, die bisher nicht allen zugänglich sind), Methodik (KI als Werkzeug,

Training in Bezug auf die Identifizierung synthetischer Daten, wie man OSI nutzen kann, um statt akuter Gewalt ebenfalls Formen struktureller Gewalt besser verstehen zu können), Datenaustausch und Zugänglichkeit (das Teilen von Datenbeständen; Wege, wie man sich bei Regierungen und Privatunternehmen dafür einsetzen kann, dass diese mehr von ihren Daten öffentlich machen; wie man den Ursprung von Daten effektiver zurückverfolgen kann) und juristische Möglichkeiten (Erfahrungen und Techniken, wie sich OSI in juristischen Prozessen besser einsetzen lässt; Risiken juristischer Adaptation und Übertragung).

Diese Liste möglicher Inhalte, Themen und Problematiken ist selbstverständlich bei Weitem noch nicht ausgeschöpft. Im Rahmen der weiteren Entwicklung dieses Netzwerks werden wir, während es weiterwächst, immer wieder auf diese Liste zurückkommen, sie neu überdenken und ergänzen. Letztendlich strebt das CEN die Schaffung eines gemeinschaftlichen Raums an, der sich natürlich anfühlt und kollaborativ gestaltet ist, in dem miteinander diskutiert und kritisch reflektiert werden kann. OSI und die OSI-Forschung können oft isolierte Erfahrungen sein, bei der man sich abgeschnitten fühlt. Beides wird nicht nur weit entfernt von den Schauplätzen und Gemeinschaften durchgeführt, zu denen ermittelt wird, sondern auch oft getrennt von anderen OSI- oder mit OSI in Verbindung stehenden Gruppen, die vielleicht hilfreiches, kritisches Feedback geben oder Unterstützung leisten könnten. McAvoy erinnert uns daran: „Zusammenarbeit ist der Eckpfeiler von Open Source Investigation und so sollte es auch bleiben.“[11]

1 Miren Gutiérrez, „Democratic Practice in the Era of Platforms. From Clicktivism to Open-Source Intelligence“, in: *Democratic Institutions and Practices. A Debate on Governments, Parties, Theories and Movements in Today's World,* hrsg. von Juan José Gómez Gutiérrez, José Abdelnour-Nocera und Esteban Anchústegui Igartua Cham 2022, S. 197–215, doi.org/10.1007/978-3-031-10808-2_13, zuletzt aufgerufen am 17. August 2024.

2 Yvonne McDermott, Alexa Koenig und Daragh Murray, „Open Source Information's Blind Spot. Human and Machine Bias in International Criminal Investigations“, in: *Journal of International Criminal Justice* 19, 1 (2021), S. 85–105, doi.org/10.1093/jicj/mqab006, zuletzt aufgerufen am 17. August 2024.

3 Nishat Awan, „Digital Witnessing and the Erasure of the Racialized Subject“, in: *Journal of Visual Culture* 20, 3 (2021), S. 506–521, doi.org/10.1177/14704129211061182, zuletzt aufgerufen am 17. August 2024.

4 Libby McAvoy, „Centering the ‚Source‘ in Open Source Investigation“, in: Open Global Rights, 21. Januar 2021, openglobalrights.org/centering-the-source-in-open-source-investigation/, zuletzt aufgerufen am 17. August 2024.

5 Ebd.

6 Raja Althaibani, Libby McAvoy und Dalila Mujagic, „Symposium on Fairness, Equality, and Diversity in Open Source Investigations. The Case To (Re)New Community of Practice for the Open Source Investigative Field“, in: *Opinio Juris,* 7. Februar 2023, opiniojuris.org/2023/02/07/symposium-on-fairness-equality-and-diversity-in-open-source-investigations-the-case-to-renew-community-of-practice-for-the-open-source-investigative-field/, zuletzt aufgerufen am 17. August 2024.

7 McAvoy 2021 (wie Anm. 4).

8 Ebd.

9 Ebd.

10 Vgl. beispielsweise: Public International Law & Policy Group (Hrsg.), *Handbook on Civil Society Documentation of Serious Human Rights Violations,* 2016, static1.squarespace.com/static/5900b58e1b631bffa367167e/t/59dfab4480bd5ef9add73271/1507830600233/Handbook-on-Civil-Society-Documentation-of-Serious-Human-Rights-Violations_c.pdf, zuletzt aufgerufen am 17. August 2024; Bellingcat und Global Legal Action Network, „Methodology for Online Open Source Investigations“, 2022, bellingcat.com/app/uploads/2022/12/JA-Manual-for-PUBLICATION-1.pdf, zuletzt aufgerufen am 17. August 2024; Kalshoven-Giekes Forum, „Leiden Guidelines on the Use of Digitally Derived Evidence in International Criminal Courts and Tribunals“, Universiteit Leiden, 2022; National Centre for Research Methods (Hrsg.), „Investigative Methods. An NCRM Innovation Collection“, Southampton 2022; Samuel Dubberley und Gabriela Ivens, „ Outlining a Human-Rights Based Approach to Digital Open Source Investigations. A Guide for Human Rights Organisations and Open Source Researchers”, Projektbericht, University of Essex, Human Rights, Big Data and Technology Project, 2022.

11 McAvoy 2021 (wie Anm. 4).

Der Wahrheit Kraft verleihen

Sam Gregory [SG] im Gespräch
mit Lisa Luksch [LL]

SAM GREGORY

Sam Gregory ist ein international anerkannter Menschenrechtsaktivist und Technologe, der sich auf innovative Ansätze zur Wahrung von Vertrauen, Authentizität und Beweiskraft in einer zunehmend komplexen und täuschungsanfälligen Welt der audiovisuellen Kommunikation spezialisiert hat. Als leitender Direktor von WITNESS leitet er den Strategieplan „Fortify the Truth" und fördert das globale Team, das Millionen von Menschen dabei unterstützt, Videos und Technologie für Menschenrechte und Bürger*innenjournalismus einzusetzen. Im Jahr 2018 startete er die WITNESS-Initiative „Prepare, Don't Panic" (gen-ai.witness.org) zum Thema Deepfakes. Er hat vor dem US-Repräsentantenhaus und dem Senat zu KI und synthetischen Medien ausgesagt und ist TED-Redner darüber, wie man sich besser gegen die Bedrohung durch Deepfakes und betrügerische KI wappnen kann.

LISA LUKSCH

Lisa Luksch ist Kuratorin am Architekturmuseum der Technischen Universität München TUM und wissenschaftliche Mitarbeiterin am Lehrstuhl für Architekturgeschichte und kuratorische Praxis der TUM. Sie studierte Architektur an der TUM und der Universiteit Antwerpen und ko-kuratierte 2023 ihre erste Ausstellung *Das Kranke(n)haus. Wie Architektur heilen hilft.*

LISA LUKSCH Sam, Sie sind Geschäftsführer der Menschenrechtsorganisation WITNESS – einer Gruppe, die überall auf der Welt Menschen dabei hilft, Videos und Technologie zu verwenden, um ihre Rechte zu schützen und zu verteidigen. Können Sie mir etwas mehr darüber erzählen, wie WITNESS arbeitet und was Ihr Vorgehen ausmacht?

SAM GREGORY WITNESS ist ein globales Menschenrechtsnetzwerk, das vor etwas mehr als dreißig Jahren gegründet wurde. Der Ausgangspunkt war der Anspruch, Videos zur Verbreitung von Zeug*innenaussagen einzusetzen, um damit die Realität von Menschenrechtsverletzungen auf der ganzen Welt aufzuzeigen. Im Verlauf der letzten dreißig Jahre erlangten wir nach und nach Zugang zu einer Vielzahl an Technologien, wodurch auch wir uns als Organisation fortwährend weiterentwickelten. Mittlerweile sind unsere Handys mit Technologien ausgestattet, mit denen wir Videos aufnehmen, diese auf einfache Weise schneiden und sie auf verschiedenen Wegen verbreiten können. Entweder veröffentlicht man sie in den sozialen Medien oder zeigt sie den Entscheidungsträger*innen direkt. Wir ermöglichen es einer Reihe von Menschen – von Menschenrechtsverteidiger*innen im klassischen Sinne bis hin zu normalen Zivilist*innen –, die Tools zu nutzen, die ihnen zur Verfügung stehen – typischerweise ein Handy, in der Regel Zugang zu Video- und Bildbearbeitung –, damit sie Videos aufnehmen und teilen können, um Einfluss auf die Menschenrechtsproblematiken zu nehmen, die ihnen am Herzen liegen.

Das WITNESS-Team ist mit Kolleg*innen in vierzehn Ländern global aufgestellt und arbeitet in sechs Regionen: Nordamerika, vor allem in den Vereinigten Staaten, Lateinamerika und der Karibik, Brasilien, Subsahara-Afrika, Mittlerer Osten und Nordafrika sowie Süd- und Südostasien. Und in jeder dieser Regionen kooperieren wir mit einer Reihe an Menschenrechtsverteidiger*innen. Sie nutzen die Videos ebenfalls auf vielfältige Art und Weise: Sei es zum Geschichtenerzählen und für die Förderung der Erinnerungskultur innerhalb einer Gemeinschaft, die Verwendung in Gerichtsprozessen oder um sich gegenüber Entscheidungsträger*innen und in der Öffentlichkeit für ihre Rechte einzusetzen.

Der Einsatz von Videos erfolgt auf mehreren Ebenen. Es ist evident, dass sehr viel mehr Menschen Zugang zu diesem unglaublich überzeugungsfähigen Werkzeug haben, dass es in zunehmendem Maße das Kommunikationsmittel von Menschen darstellt: Denken wir nur an TikTok, YouTube-Shorts oder an die Art und Weise, wie Menschen Videos in ihren WhatsApp-Familiengruppen teilen. Es ist unser Bestreben, sicherzustellen, dass Menschenrechtsverteidiger*innen bei dem Einsatz von Videos möglichst wirksame, ethische und sichere Entscheidungen treffen. In der Praxis bedeutet dies, dass wir in einem sehr engen Austausch mit einem Netzwerk aus Menschrechtsverteidiger*innen vor Ort stehen, um so deren Videonutzung zu fördern. Das beinhaltet im Moment einen starken Fokus auf Fragen des Landrechts und der Klimagerechtigkeit, wobei die Nutzung dieser Tools durch Jugendliche und indigene Jugendliche von besonderem Interesse ist. Außerdem konzentrieren wir uns sehr stark auf die Verbesserung des Zugangs zu Open Source Intelligence (OSINT)-Techniken für Menschenrechtsgruppen, die sich mit staatlicher Gewalt und Kriegsverbrechen auseinandersetzen. In diesen Fällen arbeiten meine überall auf der Welt verstreuten Kolleg*innen sehr eng zusammen, um herauszufinden, wie bereits existierende Menschenrechtsgruppen so unterstützt werden können, dass sie diese Tools in ihr Repertoire und ihre Strategien integrieren können. Das ist eine Ebene unserer Arbeit.

Auf der zweiten Ebene geht es um die Frage, wie man es möglichst vielen Menschen erleichtern kann, sich bei der Verwendung von Videoaufnahmen als Beweismittel, bei der Dokumentation von Umweltverstößen oder bei der Ausübung ihres Rechts auf Aufzeichnung nach allgemein anerkannten Praktiken zu verhalten. Diesen Aufgaben widmen wir uns durch eine Kombination von digitaler Arbeit und Vor-Ort-Einsätzen. Jährlich erreichen wir mit unseren digitalen Ressourcen mehr als anderthalb Millionen Menschen. Dabei handelt es sich oft um einfache Videos, die wir auf Instagram teilen oder digitale Dokumente mit Tipps. Manchmal treffen sich die Leute sogar vor Ort zu Trainingssitzungen oder erhalten physische Unterlagen, die sie in die Lage versetzen sollen, ein Video so zu filmen, zu teilen und einzusetzen, dass es Einfluss auf die Menschenrechtsfragen nimmt, um die es sich dreht.

Die dritte Ebene unserer Arbeit basiert auf der Erkenntnis, die wir vor beinahe fünfzehn Jahren gewonnen haben: Die Art und Weise, wie Menschenrechtsverteidiger*innen diese Technologien nutzen können, wird sehr stark von den zugrundeliegenden Plattformen und Technologien diktiert, weshalb man an der technischen Infrastruktur ansetzen muss. Sonst benachteiligt man die Menschenrechtsverteidiger*innen, die an vorderster Front arbeiten. Sie nutzen Tools und Technologien und Plattformen, die eher hinderlich als hilfreich sind. Deswegen arbeiten wir auch an dieser strategischen Ebene.

Wir befinden uns gegenwärtig an einem kritischen Punkt, an dem die Grundlagen von Vertrauen und Wahrheit infrage gestellt werden. Heute sprechen wir davon, dass es bei unserer Arbeit darum geht, der „Wahrheit Kraft zu verleihen". Und wir verwenden diese Worte, weil es überall auf der Welt zunehmend schwerer wird, für Menschenrechte zu kämpfen. Autoritäre und populistische Regierungsformen nehmen zu. Gleichzeitig eskaliert die Beweislast. Folglich steigen die Erwartungen dahin gehend, was man zeigt und teilt, um zu beweisen, dass etwas geschehen ist. Und dann kommt noch die Gefahr von Künstlicher Intelligenz (KI) hinzu, die unser Vertrauen in das, was wir sehen und hören, herausfordert. Deshalb sind wir überzeugt, dass man sich ganz besonders auf taktischer Ebene damit auseinandersetzen muss, wie Menschenrechtsverteidiger*innen die Wahrheit strategisch, technologisch und infrastrukturell verteidigen.

LL Besonders die dritte Ebene, die Sie beschrieben haben, bringt mich zu meiner zweiten Frage: Sie arbeiten nicht nur direkt mit Personen zusammen, die Ungerechtigkeiten dokumentieren und aufdecken wollen, Ihre Anstrengungen erstrecken sich auch auf technologische Entwicklung und das Entwerfen von Richtlinien. Weshalb ist das so wichtig und wie sieht diese Zusammenarbeit genau aus?

SG Wie bereits erwähnt, fanden wir vor ungefähr fünfzehn Jahren heraus, dass die von Technologien und Plattformen geschaffenen Bedingungen Menschenrechtsverteidiger*innen eher behinderten als halfen. Und daher versuchen wir seitdem,

Entscheidungen hinsichtlich der Content-Moderation zu beeinflussen, beispielsweise wenn es auf YouTube darum ging, ob ein Video, das Polizeigewalt zeigte, gelöscht werden sollte oder nicht. Als wir während der Proteste in Syrien erkannten, dass Menschenrechtsverteidiger*innen versuchten, ihre Gesichter in Videos unkenntlich zu machen, ihnen aber auf ihren Handys der Zugang zu einfachen Tools dazu fehlte, fragten wir uns: Wie können wir eine Plattform wie YouTube dazu bringen, eine solche Funktion einzubauen?

Das fußte auf einem weiteren Arbeitszweig von uns, den wir in den letzten fünfzehn Jahre kontinuierlich weiterentwickelt haben: Im Kontext des syrischen Bürgerkriegs, in dem erstmals flächendeckende Verstöße gegen die Menschenrechte von Zivilist*innen mit ihren Kameras festgehalten wurden, arbeiteten wir zusammen mit Partner*innen an der Entwicklung von Technologien, die es den Menschen erleichterten, ein Foto oder ein Video aufzunehmen und Standort, Zeit und Integrität dieser Aufnahme zu verifizieren.

Heutzutage beobachten wir erneut, wie darüber diskutiert wird, ob man Bildern vertrauen kann. Wie können wir wissen, wo sie aufgenommen wurden, inwiefern KI benutzt wurde, wie Menschen Einfluss genommen haben? Und daher setzen wir uns auch hier für technologische Infrastruktur und Richtlinien ein, aber wir tun dies mit einem umfassenden Verständnis dafür, wie die Bedürfnisse von Menschenrechtsverteidiger*innen aussehen, und dass diese auf der Suche nach Lösungen ihre eigenen Technologien und Tools entwerfen.

LL Lassen Sie uns über das Thema generative KI sprechen: Sie beschäftigen sich seit 2017 eingehender mit dieser Technologie und brachten 2018 das Programm „Prepare, Don't Panic" (Vorbereitung statt Panik) auf den Weg. Worum geht es dabei? Und welche konkreten Empfehlungen formulieren Sie?

SG 2017 begegnete uns das Phänomen der „Deepfakes" zum ersten Mal. Zu diesem Zeitpunkt bestand eine klare Bedrohung darin, wie Deepfakes genutzt wurden, um insbesondere von Frauen künstliche sexuelle Darstellungen ohne deren Einverständnis zu generieren. Und es bestand eine Gefahr auf sprachlicher Ebene, da Menschen diese neue Methode für das Verbreiten falscher Informationen und zur gezielten Desinformation nutzten. Hierbei wurden realistisch wirkende Darstellungen von Personen erstellt, die Dinge sagten, die sie so nie gesagt hatten. Oder es wurden Ereignisse dargestellt, die nie stattgefunden hatten. Das führte zu einer Untergrabung unseres Vertrauens in reale Ereignisse.

2018 und auch schon in den Jahren davor sahen sich Menschenrechtsverteidiger*innen mit der Realität konfrontiert, dass Menschen die Integrität von Informationen angreifen; sie greifen einen an und man kämpft ununterbrochen darum, dass einem in der Öffentlichkeit zugehört und Vertrauen geschenkt wird. Deswegen starteten wir die Initiative „Prepare, Don't Panic". Die Wahl des Namens erfolgte vor dem Hintergrund der im Jahr 2018 intensiv geführten öffentlichen Debatte über die potenzielle Gefahr durch Deepfakes. Die Leute meinten damals: „Das wird eine Deepfake-Wahl!" oder „Die Wahlen werden von der Gefahr durch Deepfakes von US-Kandidat*innen für die Zwischenwahlen zunichtegemacht." Und wir waren uns bereits darüber im Klaren, dass das Problem mit einer solchen Rhetorik darin besteht, dass sie auch das Vertrauen in Menschen wie zum Beispiel Menschenrechtsverteidiger*innen schwächt, deren Stellungnahmen ohnehin schon abgetan werden.

Die Arbeit von „Prepare, Don't Panic" läuft nun seit mehr als sechs Jahren. Dabei konzentrieren wir uns in besonderem Maße auf einen mehrstufigen Prozess. Zunächst hören wir in jeder Region, in der wir tätig sind, erst einmal genau hin. Was sind die Erwartungen der Menschenrechtsverteidiger*innen, der Journalist*innen auf dem Gebiet der bürger*innenorientierten politischen Berichterstattung, der Technolog*innen sowie der Anführer*innen sozialer Bewegungen? Dann bitten wir sie, die benötigten Lösungen zu priorisieren. Und schließlich – und das hat sich im letzten Jahr verstärkt – schauen wir uns an, wie sich der Einsatz von KI selbst auf die Gesellschaften auswirkt. Wir nutzen Informationen, die wir bei unserer Arbeit vor Ort und durch unseren Rapid-Response-Mechanismus für vermeintliche und echte Deepfakes sammeln. Die Deepfake Rapid Response Force ist ein Mechanismus, der Menschenrechtsverteidiger*innen, Journalist*innen und Faktenchecker*innen weltweit zur Verfügung steht. Sie können dort die Beispiele, mit denen sie sich konfrontiert sehen, einem Team forensischer Expert*innen vorlegen.

Eine unserer Hauptaufgaben besteht darin, uns für technologische Lösungen einzusetzen, die auf den Bedürfnissen der Global Majority[1] und Menschen, die bereits gefährdet sind, aufbauen. Wir arbeiten deswegen an einem besseren Zugang zu Erkennungstools, mit deren Hilfe Menschen künstlich geschaffene Inhalte ermitteln können. Das geschieht mit Blick auf die sogenannte „Erkennungsgleichheit". Denn wir beobachten, dass die Menschen, die Erkennungstools am häufigsten einsetzen müssten – wie Menschenrechtsverteidiger*innen, Journalist*innen und Gemeinschaften, die größtenteils zur Welt der Global Majority gehören –, in der Regel nicht priorisiert werden, wenn es um den Zugang zu den richtigen Tools und den richtigen Fähigkeiten geht. Auch bei einer nutzer*innenorientierten Weiterentwicklung dieser Tools haben sie die geringste Priorität. Beispielsweise sind die derzeitigen Trainingssets, die diesen Tools zugrunde liegen, für Personen, die US-Amerikanisch sprechen, ausgelegt, aber nicht für andere Englisch-Akzente oder Birmanisch.

Die zweite Kategorie von Lösungsansätzen, die wir verfolgen, ergab sich aus unserer Arbeit an Tools, die Authentizität und Ursprung sicherstellen sollten. 2019 veröffentlichten wir einen Bericht zum Datenlabeling mit dem Titel „Ticks Or It Didn't Happen" (Häkchen oder es ist nicht passiert).[2] Er fasste vierzehn Probleme zusammen, mit denen man sich konfrontiert sieht, wenn man eine Struktur schafft, die sichtbar machen soll, wo mediale Inhalte herkommen, wo sie erstellt wurden, wie sie bearbeitet wurden und vielleicht auch, wer sie erzeugt und bearbeitet hat. Und dieser Bericht basierte ebenfalls auf den Erfahrungen, die wir bei der Entwicklung solcher Tools innerhalb der Menschenrechtsgemeinschaft gemacht hatten, bevor diese zu einem allgemeinen Bedürfnis wurden. Wir setzten uns schon sehr früh für einen menschenrechtsbasierten Ansatz beim Aufbau dieser aufkommenden Infrastruktur ein, um auf diese Weise zu zeigen, wie Menschen und KI innerhalb unseres Medienkonsums interagieren.

LL Können wir noch einmal auf den zweiten Aspekt zurückkommen, den Sie erwähnt haben? Beim Erkennen von Deepfakes ist Datenlabeling ein wichtiges Thema, was Sie ebenfalls bereits angesprochen haben. Wie lasst sich beispielsweise sicherstellen, dass die Anonymität – und damit wohl auch die Sicherheit – von Whistleblower*innen gewährleistet bleibt?

SG Ein verbindender Faktor in der globalen Rechtsprechung in Bezug auf KI ist das Bestreben, die Nutzung von KI sowie deren Kombination mit menschlicher Interaktion klar erkennbar zu machen. Wir sind sehr für die Idee der sogenannten „Pipeline Responsibilty“, also der Verantwortlichkeit der gesamten Pipeline, die sich von den Urheber*innen von Grundlagenmodellen, über die Betreiber*innen bis hin zu den Tools und uns als Bürger*innen und Konsument*innen von Inhalten erstreckt. Transparenz darüber, wie KI genutzt wird, ist sehr wichtig. Und ich spreche hier nicht von einem Entweder-oder, also KI oder keine KI. KI ist eher ein Teil des Rezeptes für unseren alltäglichen Medienkonsum. Und ich spreche hier von einem Rezept, weil es mehr darum geht, wie KI in den verschiedenen Stadien der Produktion eingesetzt wird. Sie nutzen vielleicht KI, um Inhalt zu generieren. Sie bearbeiten diesen vielleicht zusammen mit einem Menschen, der ein KI-Tool verwendet. Sie verbreiten den Inhalt vielleicht auf einer Plattform, wo ihn womöglich jemand anderes weiterbearbeitet, und all diese Schritte machen das Rezept für den Inhalt aus, den wir am Ende dieses Prozesses konsumieren. Damit wir diesen Prozess verstehen können, brauchen wir Transparenz. Und das ist, denke ich, was beinahe jedes Bestreben hin zu einer Rechtsprechung und zu Normen und Prinzipien im Kontext von KI gemein hat.

Aufgrund unserer Erfahrungen und des „Ticks Or It Didn‘t Happen“-Berichts waren wir uns der Schwierigkeiten bewusst, die bei der Entwicklung dieses Systems zum Tracken von

Medienproduktion zu bewältigen waren. Der zugrundeliegende Gedanke ist dabei die transparente Gestaltung des gesamten Prozesses der Medienschaffung. Wir müssen auf entscheidender Ebene verstehen, wie diese Art von technischer Infrastruktur zur Überwachung oder zum besseren Tracken von Dissident*innen, Whistleblower*innen oder Bürger*innen im Allgemeinen missbraucht werden könnte. Es ist wichtig, dass die Frage, wie Medieninhalte mit oder von KI produziert werden, nicht unnötig mit der Frage nach der persönlichen Identität des Menschen vermischt wird, der die Medieninhalte hergestellt hat.

Seit Kurzem nimmt die Zahl von Gesetzen zum Thema Desinformation weltweit zu. Zwischen 2016 und 2022 traten beinahe 100 verschiedene Gesetze überall auf der Welt in Kraft, die sich auf falsche oder irreführende Informationen im Internet bezogen. Diese Gesetze räumen den Regierungen oft einen großen Ermessensspielraum ein, mit dem sie die Meinungsfreiheit einschränken und Journalist*innen ins Visier nehmen können, um Anonymität und Pseudonymität anzugreifen. Deswegen sind wir davon überzeugt, dass jegliche Form einer systematischen Lösung ein tiefgehendes Verständnis der juristischen Rahmenbedingungen erfordert, bei denen es oft um das Unterdrücken von Meinungs- und Redefreiheit geht und nicht darum, diese zu stärken.

LL Lassen Sie uns zum Schluss genau auf diesen Punkt der Gesetzgebung eingehen. Im November 2023 präsentierten Sie Ihre Empfehlungen für den Umgang mit KI-Anwendungen dem US-Ausschuss für Cybersicherheit, Informationstechnologie und Regierungsinnovation. Auf welcher Ebene sollten solche Regulierungen Ihrer Meinung nach ansetzen und welche Maßnahmen werden derzeit weltweit ergriffen?

SG Ich denke, es dreht sich viel um die Idee der KI-Transparenz. Sie ist Teil des KI-Gesetzes der EU[3] und der „Erklärung der Staats- und Regierungschefinnen und -chefs der G7 zum KI-Prozess von Hiroshima". Und wie Sie angemerkt haben, wird in den nationalen Gesetzgebungsorganen viel über Transparenz diskutiert. Ich habe sowohl vor dem Repräsentantenhaus des

US-Kongresses als auch vor dem US-Senat über dieses Thema gesprochen. Meiner Meinung nach ist es wichtig, dass man sich auf allgemeine Standards einigt, aber es wird immer auch nationale Gesetzgebungen geben. Natürlich wird eine Vielzahl der Regeln von der EU und den Vereinigten Staaten entwickelt werden, wir wissen im Moment aber noch nicht, wie sich beispielsweise das KI-Gesetz der EU global als Vorbild entwickeln wird. Ich bin froh, dass es die „Pipeline Responsibility" stark betont und Elemente enthält, die sich auf Labeling und das Hinweisen auf den Einsatz von KI sowie das Nutzen synthetischer Medien und Deepfakes beziehen.

Meine Bedenken in Hinsicht auf die Dominanz von Vereinigten Staaten und EU beziehen sich in erster Linie darauf, dass sie sich primär auf ihre eigenen Bürger*innen fokussieren und womöglich dabei die globalen Auswirkungen ihrer Entscheidungen nicht hinreichend berücksichtigen könnten. Wenn wir uns dafür einsetzen, dass Fragen in Bezug auf Privatsphäre, Zugänglichkeit und potenzielle Instrumentalisierung von Technologien und Inhalten geklärt werden, und wenn die Antworten auf diese Fragen Konsequenzen für den Rest der Welt mit sich bringen, dann müssen wir auch darauf achten, die gesamte Welt in unsere Überlegungen mit einzubeziehen. Wir müssen uns außerdem klarmachen, dass es andere Rechtssysteme gibt, die bereits Entscheidungen über den Umgang mit KI treffen, die (Menschen-)Rechte bewusst einschränken. China hat beispielsweise bereits Mandate in Bezug auf Transparenz verabschiedet. In einigen Punkten ähneln sie dem, was wir in anderen Kontexten sehen, in China hängen sie aber mit all den bestehenden Regeln zusammen, die Meinungsfreiheit verbieten und die „nationale Sicherheit" schützen sollen.

Wir befinden uns an einem wirklich spannenden, entscheidenden Punkt. Die alltägliche Nutzung von synthetischen Medien ergibt ein komplexes Bild, da die Tools wesentlich einfacher zugänglich sind, deutlicher kommerzialisiert und immer mehr zur Ware werden. Daher müssen wir meines Erachtens genau jetzt sehr gewissenhaft darauf achten, wie wir welche Grundlagen schaffen: Wie können wir für Transparenz sorgen, wie ermöglichen wir es

Menschen, das zu verstehen, was sie konsumieren und zwar auf eine Weise, die die Rechte aller respektiert? Es wird nicht einfacher werden. Die Inhalte werden 2025, 2026, 2027 nicht weniger fotorealistisch, nicht weniger audiorealistisch, nicht weniger überzeugend werden. Die Entscheidungen, die wir jetzt treffen, werden ausschlaggebend sein, sowohl wenn es sich um die informellen Regeln handelt, die wir auf Plattformen festlegen, als auch wenn es um die bindenden Vorschriften geht, die Regierungen und zwischenstaatliche Organe erlassen. Es ist wirklich von zentraler Bedeutung, dass wir das jetzt richtig machen! Wir dürfen nicht in Panik verfallen, sondern müssen uns weiterhin gut vorbereiten und handeln.

1 Globale Mehrheit meint Menschen indigener, afrikanischer, asiatischer oder lateinamerikanischer Abstammung, die etwa 85 Prozent der Weltbevölkerung ausmachen.

2 „Ticks" bezeichnet im britischen Englisch den Haken, mit dem man eine erledigte Aufgabe markiert.

3 Die Verwendung von KI in der EU wird durch das KI-Gesetz reguliert werden, dem weltweit ersten umfassenden Gesetz zu KI, das im März 2024 verabschiedet wurde.

Bildnachweis

American Colony/Matson (G. Eric and Edith) Photograph Collection, Library of Congress Prints and Photographs Division Washington, DC: S. 107 (unten); Ekaterina Anchevskaya: S. 87; Baidu, DigitalGlobe & spaceview: S. 83; Bellingcat, 070: S. 127 (unten); Courtesy Cartographic and Architectural Records at the National Archives in College Park, MD: S. 134 (oben); The Center for Spatial Technologies: S. 33 (oben), 34; The Center for Spatial Technologies, bearbeitet basierend auf einem Bild von Peter Andryushchenko via Telegram: S. 33 (unten); GlobalSecurity.org: S. 75 (oben links); Alison Killing und BuzzFeed News, bearbeitet basierend auf Google Earth Pro, 2021 CNES / Airbus: S. 84 (unten); Alison Killing und BuzzFeed News, bearbeitet basierend auf YouTube,2021 guanguan4168: S. 84 (oben); Robert Maher und Bellincat, 070,bearbeitet basierend auf Google Earth Pro, 2023 CNES / Airbus: S. 129; Abelardo Liz: S. 127 (oben); LKA Bayern: S. 113–121; Mexican General National Archive, Courtesy Centro Prodh: S. 133; New Zealand National Film Unit: S. 65 (oben); Anjli Parrin: S. 47, 50; Planet Labs PBC: S. 61–62, 109; Suneil Sanzgiri: S. 54, 65 (unten); Courtesy SITU Research: S. 29; Courtesy SITU Research, bearbeitet basierend auf Materialien, das von Mitgliedern der National Lawyers Guild (NLG) zu Verfügung gestellt wurde: Titel und S. 27; Courtesy SITU Research und Centro Prodh: S. 134 (unten); SITU Research, bearbeitet basierend auf NDVI-Daten von Landsat-Satellitenbildern, mit freundlicher Genehmigung des U.S. Geological Survey, und Satellitenbildern von CNES / Airbus DS: S. 104 (oben); SITU Research, bearbeitet basierend auf NDVI-Daten von Landsat-Satellitenbildern, mit freundlicher Genehmigung des U.S. Geological Survey, und Geodaten von OCHA: S. 103; SPOT image: S. 72, 75 (oben rechts, unten); US Department of Defense: S. 71; Courtesy Yesh Din: S. 104 (unten), 107 (oben)

Die QR-Codes im Buch ermöglichen den Zugriff auf zusätzliches Material, wie z.B. Ausstellungsansichten, Updates zu laufenden Ermittlungen, Zeug*innenaussagen oder Filme in voller Länge. Die Inhalte hinter den QR-Codes in BOOK+ wachsen mit der Zeit weiter. Sie werden nicht auf Webservern oder in der Cloud, sondern blockchain-basiert gespeichert, sodass Angriffe auf die Daten oder deren Manipulation ausgeschlossen sind und gleichzeitig die Zugriffssicherheit über einen sehr langen Zeitraum gewährleistet wird.

Es lohnt sich, die Codes von Zeit zu Zeit auf Updates zu überprüfen!

Für die großzügige Unterstützung der Ausstellung danken wir

PIN. FREUNDE DER PINAKOTHEK DER MODERNE E.V.

Freundeskreis Architekturmuseum TUM

Impressum

Herausgeber*innen:
Lisa Luksch und Andres Lepik

Projektmanagement:
Lisa Luksch, Cristina Steingräber und Sonja Bröderdörp

Lektorat:
Julika Zimmermann und Cristina Steingräber

Übersetzung ins Deutsche:
Caroline Weißbach (VerlagsService Mihr), Cristina Steingräber und Lisa Luksch

Umschlaggestaltung und Konzept:
PARAT.cc GbR, München

Grafik und Satz:
grafikanstalt, Hamburg

Reproduktionen:
Optische Werke, Hamburg

Druck und Binden:
Druckhaus Sportflieger, Berlin

Architekturmuseum der TUM
in der Pinakothek der Moderne
Barer Str. 40
80333 München
Deutschland
www.architekturmuseum.de

Vertrieb:
ArchiTangle GmbH
Meierottostraße 1
10719 Berlin
Deutschland
www.architangle.com

ISBN 978-3-96680-033-4